rowohlts monographien
begründet von Kurt Kusenberg
herausgegeben
von Wolfgang Müller

Marcel Proust

mit Selbstzeugnissen
und Bilddokumenten
dargestellt von
Claude Mauriac

rororo bildmonographien

Rowohlt

Aus dem Französischen übertragen von Eva Rechel-Mertens
Den dokumentarischen und bibliographischen Anhang bearbeitete Paul Raabe,
die Ergänzungen zur Bibliographie Nicole Geeraert (1990)
Herausgeber: Kurt Kusenberg
Umschlagentwurf: Werner Rebhuhn
Vorderseite: Marcel Proust, um 1900
Rückseite: Das Tor zu Tante Léonies Garten in Combray

Veröffentlicht im Rowohlt Taschenbuch Verlag GmbH,
Hamburg, September 1958
Mit Genehmigung des Verlags Éditions du Seuil, Paris

Satz Times (Linotron 404)
Gesamtherstellung Clausen & Bosse, Leck
Printed in Germany
1090-ISBN 3 499 50015 9

14. Auflage. 76.–78. Tausend November 1993

Inhalt

Marcel Proust, Porträt von Jacques-Émile Blanche

Eine lange Kindheit

Die Kindheit Marcel Prousts hat sich weit über die üblichen Grenzen erstreckt. Als kleiner Junge war er so überempfindlich, daß er ohne den Gutenachtkuß der Mutter nicht einschlafen konnte. Dieser Kuß, die Ängste und Freuden, die er ihm verdankte, bilden eines der Themen sowohl von *Jean Santeuil* wie auch von *À la Recherche du Temps perdu* (I, 23–58), denn der unvollendete Roman und das gigantische Erinnerungswerk kreisen um die gleichen Schlüssel-Erinnerungen, die, wenn auch mehr oder weniger reich orchestriert, in dem stammelnden Versuch der Jugendtage und dem Meisterwerk der Reifezeit immer dieselben bleiben. Marcel Proust hat niemals etwas nur erfunden, was ihn selber betraf oder in seinen Büchern jenem Erzähler zugeschrieben wird, mit dem er – abgesehen von bestimmten, im Rahmen eines Romans unvermeidlichen Umsetzungen – fast völlig zu einer Person verschmilzt. Die Gegenwart seiner Mutter war so unerläßlich für ihn, daß er bis zu ihrem Tode mit ihr zusammenlebte. Er war damals bereits fast 35 Jahre alt. Dies krankhaft empfindliche Kind finden wir also in den Romanen, die er schrieb, *als er groß geworden war*, wieder, doch ohne daß er dabei im mindesten vergessen hat, was er, *als er klein war*, empfand – das, was die Nicht-Künstler unter uns – sehr zum gesicherten Behagen eines von da an immun gewordenen Lebens – aus dem Gedächtnis verloren haben.

Zwischen dem Professor Adrien Proust und seinem Sohn war der Verkehr eher schmerzlich und schwierig. *Ich versuchte zwar nicht, ihn zufriedenzustellen – ich bin mir darüber klar, daß ich der Schatten auf seinem Leben gewesen bin –, wollte ihm aber doch immerhin meine Liebe beweisen. Dennoch gab es Tage, an denen ich mich gegen die allzu große Bestimmtheit und Sicherheit seiner Behauptungen auflehnte.* (Corr. II, 49–50) Als Generalinspekteur des Sanitätswesens, Professor der Gesundheitslehre an der Medizinischen Fakultät, Mitglied der «Académie de Médecine», als Spezialist in allen die Übertragung ansteckender Krankheiten im Orient betreffenden Fragen, technischer Berater für Frankreich bei sämtlichen in jenen Tagen stattfindenden internationalen Konferenzen über Sanitätswesen, war Professor Adrien Proust in der Tat alles andere als ein Schwächling und Träumer. *Mein Vater hatte für meine Art von Begabung eine so sehr mit zärtlicher Liebe gemischte*

Marcel Proust

Nichtachtung, daß seine Gesamtreaktion gegenüber allem, was ich trieb, in blinder Nachsicht bestand. (II, 44) Beim Tode seines Vaters schrieb Marcel Proust an Laure Hayman:

Meine schlechte Gesundheit, für die ich aus diesem Grunde gar nicht dankbar genug sein kann, hatte zur Folge, daß ich seit Jahren schon sehr viel mehr mit ihm lebte, da ich gar nicht mehr ausging. Während dieser insgesamt bei ihm verbrachten Augenblicke habe ich wohl Züge meines Charakters und Geistes, die ihm möglicherweise mißfielen, zu mildern – oder wie ich sehr häufig in nachträglichem Illusionismus sagen möchte – zu unterdrücken versucht. So glaube ich, daß er einigermaßen zufrieden mit mir war, und es bestand zwischen uns eine Intimität, die nicht einen einzigen Tag eine Unterbrechung erfuhr und deren Süße ich jetzt, da das Leben in seinen geringsten Vorgängen so bitter und so hassenswert für mich geworden ist, ganz besonders verspüre. Andere haben irgendeinen Ehrgeiz, in dem sie Trost finden können. Ich selbst habe nicht dergleichen, ich webe nur in diesem Familienleben, das nun auf immer dahin ist. (Corr. V, 215–216) Wie wird das erst sein, wenn seine Mutter stirbt! Ihre Nachsicht war wie die aller Mütter grenzenlos, ohne Grenzen aber auch ihre Fähigkeit, um ihr Kind zu leiden. Daher die Furcht, Marcels, solange er lebte, von ihr als das erkannt zu werden, was er in Wirklichkeit war: Ein Mann, der sich von anderen durch die wesentlichste seiner Lei-

Der Vater

denschaften unterschied. Auf alle Fälle kam Madame Proust die Überempfindlichkeit ihres älteren Sohnes noch beängstigender vor, als sie ihrem Gatten erschien: wenn sie das ihr zugrunde liegende Geheimnis auch nicht kannte, so entnahm sie doch aus vielfältigen anomalen Symptomen die beunruhigende Bedeutung, die sich dahinter verbarg.

Er für seine Person konnte nicht ohne diese seine inniggeliebte Mutter sein. Anläßlich ihres Todes offenbart er Robert de Montesquiou in vollem Umfang seine Sohnesliebe:

Sie weiß, daß ich außerstande bin, ohne sie zu leben, und daß ich dem Dasein in jeder Hinsicht so hilflos gegenüberstehe, daß, wenn – wie ich fürchte und mir mit Grauen vorstelle – sie manchmal das Gefühl überkam, sie werde mich vielleicht für immer verlassen, ihr sicherlich Minuten furchtbarer Angst beschieden waren, die ich mir nur unter äußersten Qualen vorstellen kann ... Von nun an hat mein Leben seinen einzigen Zweck, seine einzige Süße, seine einzige Liebe, seinen einzigen Trost verloren. Ich habe die verloren, deren nie endende Wachsamkeit mir in Frieden, in Liebe das einzige Manna meines Lebens brachte, das ich sekundenlang noch wieder mit Grauen in der Stille zu kosten meine, die sie den ganzen Tag in solcher Tiefe um meinen Schlaf her zu schaffen wußte, und die nun dank der Gewöhnung der Dienstboten, die noch sie selbst dazu angehalten hat, als etwas rein Passives ihre nunmehr beendete Tätigkeit überlebt. Ich bin mit allen Schmerzen durchtränkt, ich habe sie verloren, ich habe sie leiden sehen; ich kann glauben, sie sei sich bewußt gewesen, daß sie von mir gehen mußte, habe mir aber keine Ratschläge mehr erteilen können, die sie vielleicht nur unter Qualen bei sich behielt; ich habe das Gefühl, daß ich durch meine schwache Gesundheit der Kummer und die Sorge ihres Lebens gewesen bin ... Aber mich für die Ewigkeit zu verlassen, da sie mich so unfähig wußte, den Kampf mit dem Leben aufzunehmen, ist vielleicht auch für sie eine sehr große Qual gewesen. Sie hat gewiß Verständnis für die Weisheit jener Eltern gehabt, die, bevor sie sterben, ihre Jungen töten. Wie die Schwester sagte, die sie gepflegt hat: ich bin für sie immer vier Jahre alt geblieben ... (Corr. I, 161–163)

Dieser schöne, schmerzerfüllte Brief enthüllt in der Liebe Marcel Prousts zu seiner Mutter eine egozentrische Haltung, die, wie wir sehen werden, einer seiner Grundzüge war. Aber zweifellos lag in ihr nicht ausschließlich Egoismus. Als im Jahre 1908 Georges de Lauris seine Mutter verliert, findet Marcel Proust, um ihn zu trösten, Worte, in denen ein solches Teilnehmen am Schmerz des andern liegt, daß er gleichsam in die Eltern dieses Freundes, der seinen Vater noch hat, das Bild der verlorenen eigenen hineinzuprojizieren scheint. Es bestehen zwischen den beiden für ihn Austauschmöglichkeiten:

Der Gedanke, daß Ihr Vater sich von Ihnen meinen Artikel hat vorlesen lassen, war mir ungemein wohltuend, weil dieser Vorgang mir mehr als alle Worte zeigt, daß das innige geistige Zusammenleben, welches Sie

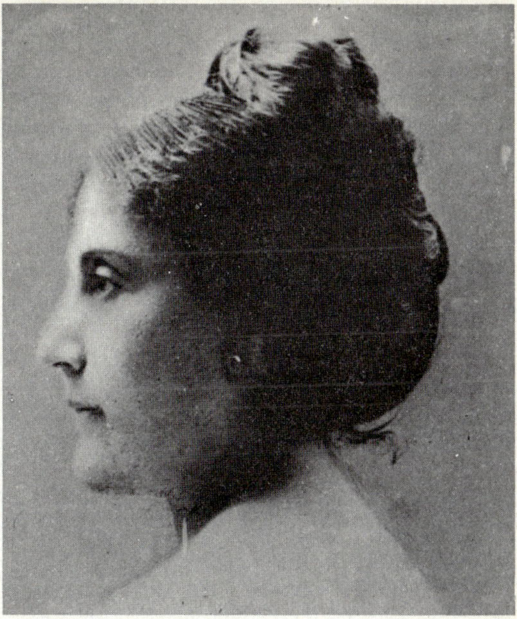

Die Mutter

mit Ihrer Mutter pflegten, nicht für immer geendet hat, daß vielmehr auch Ihr Vater für Sie eine geradezu mütterliche Güte besitzt ... Ich glaube, darin eine Linderung zu verspüren, die selbst in dem grauenhaften Kummer, der Sie betroffen hat, etwas darstellt, worin Sie noch die Spur der unendlichen, bis in den Tod ergebenen und völlig selbstvergessenen Entsagung wiederfinden müssen, die in der Zärtlichkeit Ihrer Mutter lag. Es bewegt mich aber vielleicht im Innersten weniger zu denken, welche Süße es für Sie bedeutet, als daran zu denken, daß es süß für sie gewesen wäre, daß sie, sooft sie die Möglichkeit ins Auge faßte, sie werde Sie beide verlassen müssen, an nichts Wohltuenderes hätte denken können, an nichts, was geeigneter war, ihre Ängste zu beschwichtigen, als sich Sie beide in einer so süßen, vollkommenen Einheit vorzustellen, die sich sogar dazu versteigt, zu «bewundern», was ich zustande bringe. Diese Zärtlichkeit vermögen an uns einzig unsere Eltern zu wenden. Hinterher, wenn man sie nicht mehr hat, erfährt man sie nie und von niemandem mehr, höchstens noch einmal in der Erinnerung an jene mit ihnen verbrachten Stunden, die uns allein dazu verhilft, daß wir leben, vor allem aber uns helfen wird, einmal sterben zu können. (*À un ami*, 143–145)

Es ist schwer zu sagen, ob alles, was er schreibt, nur dem Freund gilt und er dabei nicht an sich selber denkt, oder aber, ob aus jeder Zeile wieder seine Selbstbesessenheit spricht.

Das Kind und sogar noch der Jüngling Marcel Proust war so nervös, daß es nur eines etwas rauhen Wortes bedurfte, damit er die ganze Nacht weinte – wodurch er die Unruhe seiner Großmutter, seiner Mutter und seines Vaters verdoppelte, da diese nicht wußten, wie sie sich ihm gegenüber verhalten sollten und auf mehr oder weniger unglückliche Weise von übermäßiger Nachsicht zu einer nur kurzlebigen Strenge hinüberwechselten. Als Schüler des Lycée Condorcet schildert Proust sich selbst in *Jean Santeuil*:

Die Abwesenheit seines Freundes Henri de Réveillon währte ein ganzes langes Jahr, während dessen Jean in seiner Klasse keinen Freund, wohl aber einige Feinde hatte. Das war eine kleine Gruppe, die aus den drei gewitztesten Jungen der Klasse bestand ... Sie sagten ihm fast nie guten Tag, machten sich lustig über ihn, wenn er sprach, und im Hofe und auf der Treppe, wo sie einander begegneten, bevor sie wieder ins Klassenzimmer zurückkehrten, stießen sie ihn an oder wirbelten ihn um sich selbst, damit er hinfallen sollte. Jean, dem ihre Klugheit große Sympathie eingeflößt hatte, war darüber sehr enttäuscht, aber er grollte ihnen nicht im geringsten deswegen. Wenn sie ihm aber einmal zufällig ein paar ganz freundliche Worte sagten, hatte er sie gleich wieder sehr gern und war nett zu ihnen. Er begriff nicht, daß dies Bedürfnis nach Sympathie, diese Gefühlsbereitschaft, die ihn in krankhaft differenzierter Weise geneigt machte, bei der geringsten Freundlichkeit von Liebe überzuströmen, diese Jungen, bei denen die Gleichgültigkeit einer kühleren Veranlagung noch durch jugendliche Härte verstärkt wurde, wie eine künstliche Pose reizte. Da er in bezug auf die Ursachen ihrer Antipathie ahnungslos war, bemühte sich Jean, der sich aus Sympathie die anderen so vorstellte, wie er selber war – aus Bescheidenheit sogar besser – noch darüber hinaus, aus Gewissensbedenken in seinem eigenen Verhalten ihnen gegenüber einen schweren Fehler, irgendeine unwillkürliche Bosheit zu entdecken, um derentwillen sie ihm etwa böse sein könnten. Er sprach mit ihnen, schrieb ihnen und verdoppelte dadurch ihren grausamen Spott. Er hatte einen so schönen, so aufrichtigen, so beredten Brief geschrieben, daß ihm bei der Abfassung die Tränen in die Augen kamen. Als er dann sah, daß er ihm nichts genutzt hatte, begann er daran zu zweifeln, daß unsere Sympathie und unsere Gedanken Macht gewinnen könnten über die Herzen solcher Menschen, die uns nicht gleichen. Er las sich den Brief von neuem vor, er fand ihn so überzeugend, so schön ... (J. S. I, 324–325)

Als er wieder zu Hause ist, ändert sich der Ton. Nicht, daß er nicht auch noch jetzt von Liebe überströmte, aber die Vorsichtsmaßregeln, die man ihm gegenüber anwendet, nachdem seine «krankhafte Empfindsamkeit» gewissermaßen offiziell anerkannt worden ist, geben ihm volle Freiheit, seiner Natur zu folgen, die keinen Widerstand verträgt:

Mein lieber kleiner Jean, ich habe eben Monsieur Jacomier aufgesucht, den ich schon seit langem darum gebeten hatte, dir Unterricht zu erteilen.

Marcel Proust im Alter von zwölf Jahren

Marcel Proust als Schüler des Lycée Condorcet

Er erwartet dich morgen um zwei Uhr bei sich. – Um zwei Uhr? Da kann ich aber nicht, da gehe ich in die Champs-Élysées, sagte Jean, der alles sehr wohl durchschaute. – Gut, dann gehst du eben nicht in die Champs-Élysées. Es wird Zeit, daß du einmal richtig zu arbeiten anfängst. – Nicht in die Champs-Élysées? rief Jean wütend aus, nicht in die Champs-Élysées? Doch, ich gehe hin, Herr Jacomier ist mir ganz egal, ich bringe ihn im Vorbeigehen um, wenn ich ihm begegne, diesen abscheulichen alten Affen, ich bringe ihn um, hast du gehört? – Madame Santeuil schloß die

Wohnungstür hinter sich und Jean, der nicht aufhörte, laut zu schreien. Monsieur Sandré wollte eingreifen, aber Jean, der wußte, welche Rolle sein Großvater bei der Entscheidung seiner Eltern gespielt hatte, stieß ihn heftig fort und sagte zu ihm: Und dich, dich verabscheue ich. – Wenn du so weitermachst, hole ich deinen Vater. – Geh ihn doch holen, das ist mir ganz gleich, rief Jean, der beim Klang seiner eigenen Stimme erst recht außer sich geriet, ich werde ihm sagen, was für eine boshafte Person er zur Frau hat, eine Person, die seinem Sohn nur Böses antun will. Dabei nahm er die Wasserkaraffe, die für sein Mittagessen bereitstand, und warf sie zu Boden, so daß sie zerbrach. André, André, komm doch, Jean wird verrückt, rief Madame Santeuil. Monsieur Santeuil, der friedlich blieb, solange er irgend seine Ruhe behaupten konnte, der aber, wenn man ihn angriff, um so wütender wurde, trat ein. Lieber Papa, sagte Jean, der sich dabei auf den Knien niederließ, sie wollen mir Böses tun, Mama verfolgt

Das Lycée Condorcet

Der achtzehnjährige Marcel Proust . . .

... während seiner freiwilligen Dienstzeit beim Militär

Um 1890

mich, beschütze mich doch. – Nein, deine Mutter hat recht, erklärte Monsieur Santeuil noch ungewiß, was er sagen wollte. Du benimmst dich ganz unerträglich, auch diesem kleinen Mädchen gegenüber, du darfst sie nicht mehr sehen. – Ich darf sie nicht mehr sehen, rief Jean, ich darf sie nicht mehr sehen. Ihr seid ja alle Kanaillen, und während sein Vater ihn mit Ohrfeigen in das dunkle Zimmer trieb, wurde Jean von einer heftigen Nervenkrise befallen. (J. S. I, 105–106)

Da vermehrte sein Zorn auf sich selbst noch den gegen seine Eltern. Da sie aber die Ursache seiner Angst, dieser grausamen Untätigkeit, seines Schluchzens, seiner Migräne, seiner Schlaflosigkeit waren, hätte er ihnen gern etwas Böses zugefügt oder noch lieber gewollt, er könnte, wenn seine Mutter hereinkäme, ihr, anstatt sie mit Schmähungen zu empfangen, erklären, er verzichte auf die Arbeit, er werde alle Nächte anderswo schlafen, er finde seinen Vater dumm, oder auch notfalls erfinden, er habe sich über Monsieur Gambaud lustig gemacht, ihn als Beschützer verloren, ja, dieser habe ihn aus der Schule gejagt – das alles nur, weil er das Bedürfnis hatte, um sich zu schlagen und ihr mit Worten, die wie Schläge trafen, etwas von dem Bösen zurückzugeben, das sie ihm zugefügt hatte. Diese Worte aber, die er nicht sagen konnte, blieben in ihm stecken und wirkten wie ein Gift, das man nicht ausscheiden kann, das alle Glieder verseucht; seine Füße, seine Hände zitterten und verkrampften sich im Leeren, sie suchten nach einer Beute. Er stand auf, lief zum Kamin und hörte ein fürchterliches Geräusch: es kam von dem Venezianerglas, das seine Mutter ihm für hundert Francs gekauft und das er zerbrochen hatte. Aber der Gedanke, daß seine Mutter darüber betrübt sein und erkennen werde, daß man es sich vorher überlegen sollte, ehe man Jean quälte, daß man mit ihm rechnen müßte, beschwichtigte ihn nicht, denn er war böse auf sich selbst, weil er das Glas zerbrochen hatte, das er so schön fand und das er am folgenden Tage von Henri hatte bewundern lassen wollen. Als er in Scherben sah, was keine Reue wieder zusammenfügen, zu einem Ganzen machen und zur Einheit verschmelzen konnte, legte er auch dieses neue Unglück seinen Eltern zur Last. (J. S. I, 308–309)

Dieser heftige Ausbruch hat, literarisch gesehen, etwas Erstaunliches. Zur Zeit da Proust sein erstes Werk, *Les Plaisirs et les Jours*, verfaßte, hatte er noch nicht seine Methode des Schürfens und der tiefen Durchdringung alles Wirklichen entdeckt: die abgemessene Schreibweise schloß noch eine erschöpfende Beschreibung oder ins einzelne gehende Feststellungen aufs höchste gesteigerter Empfindungen aus. Dagegen wird ihm zu dem Zeitpunkt, da er seine *Recherche du Temps perdu* verfaßt, die volle Beherrschung seiner Mittel erlauben, besser ins Schwarze zu treffen, seine Irrtümer zu berichtigen, die sich als Mängel erwiesen haben, sei es in eigentlich künstlerischer Hinsicht, sei es im Hinblick auf seine Person, deren Geheimnisse, ja Schwächen er durchaus enthüllen will, doch in voller Sachkenntnis und in dem klaren Bewußtsein, worauf er sich damit einläßt, wie weit er sich enthüllt. So wird der jähzornige und tyrannische Jüngling in *Jean Santeuil*, der so respektlos und brutal mit seinen Eltern umgeht, wenn sie ihm mißfallen haben, sich in Swann und den folgenden Werken entsprechend sänftigen, wobei die Sensibilität des Erzählers wohl dieselbe bleibt, aber doch Haltung bewahrt und auch inmitten der beschriebenen Maßlosigkeiten ein schriftlich fixiertes Maß halt – Dinge, die dem Helden (wie dem Autor) von *Jean Santeuil* noch fehlten. So wird die Maßlosigkeit des Tons fast ganz aus dem großen Werk verschwinden, in dem Maße zweifellos (freilich ist das nur eine Hypothese), in dem der Verfasser Komposition und Redaktion zu Ende führen konnte. Wenn in der Tat der Erzähler der *Verlorenen Zeit* durch das Leben beschwichtigter scheint als der junge Jean Santeuil, so sehen wir ihn doch in *Die Entflohene* – einem Band, für dessen Schlußredaktion der Tod ihm nicht mehr die Zeit gelassen hat – noch großen Zornanfällen unterworfen:

Schloß Tansonville in der Nähe von Illiers (Combray)

Eine Abwesenheit von achtundvierzig Stunden, für die mein Vater meine Gesellschaft wünschte, die mich aber um den Besuch bei der Herzogin gebracht hätte, versetzte mich in einen Zustand derartiger Wut und Verzweiflung, daß meine Mutter sich einschaltete und bei meinem Vater die Erlaubnis für mich erwirkte, in Paris zu bleiben. Mehrere Stunden hindurch aber, ließ mein Zorn nicht nach, während mein Verlangen nach Mademoiselle d' Éporcheville infolge des Hindernisses, das sich zwischen uns schob, wie auch infolge der Furcht, die ich einen Augenblick lang gehegt hatte, daß diese Stunden meines Besuches bei Madame de Guermantes, denen ich wie einem sicheren Gut, das niemand mir entreißen könnte, unablässig lächelnd entgegensah, womöglich nie eintreten würden, noch verzehnfacht hatte. (VI, 235–236)

Es gibt keinen Wunsch, und sei er noch so unvernünftig, dessen unmittelbare Erfüllung um jeden Preis (hier ganz wörtlich zu nehmen) er nicht erstrebt:

Mein relativer Ruin war mir um so verdrießlicher, als meine Neugier auf Venedig sich letzthin auf eine Glaswarenverkäuferin konzentriert hatte, deren blumengleicher Teint den enzückten Augen eine ganze Skala von orangefarbenen Tönen bot und mir ein solches Verlangen einflößte, sie täglich wiederzusehen, daß ich in dem Gedanken daran, daß meine Mut-

ter und ich Venedig bald verlassen würden, zu dem Versuch entschlossen war, ihr in Paris irgendeine Existenzmöglichkeit zu schaffen, damit ich mich von ihr nicht zu trennen brauchte. Die Schönheit ihrer siebzehn Jahre war so edel, so strahlend, daß man in ihr vor der Abreise einen wahren Tizian erworben hätte. Würde ich aber mit dem Wenigen, was mir an Vermögen übrigblieb, ihr eine ausreichende Verlockung bieten können, damit sie ihr Land verließe, um in Paris nur für mich zu leben? (VI, 351–352)

Weil seine Feinfühligkeit ihn zweifellos im rechten Augenblick bezaubernde Worte finden läßt, wird dieser Haustyrann geliebt. Er braucht eben Liebe, oder doch mindestens Fürsorge für sein Wohl. Für die Erlangung dessen, was er im Leben durch sein gewinnendes Wesen bei anderen erreicht, sieht er in *Jean Santeuil* normal nicht immer die für den Roman gebotene Zeitspanne vor. So findet er eines Abends, als er zum erstenmal in einem Provinzhotel übernachtet, ganz natürlich (und wahrscheinlich), daß die Bediensteten sich verständigen, um die Ruhe dieses Gastes sicherzustellen, der durch seine Empfindlichkeit und Egozentrik geradezu einen privilegierten Anspruch darauf besitzt. Sein Zimmer ging auf den Hof:

Die Häuser, die ebenfalls auf ihn gingen, wurden seit ewigen Zeiten von Kutschern bewohnt ... einem Rest der verschwundenen Urbevölkerung, der unter die übrige Stadt gemischt war. Sie wuschen ihre Wagen, ohne dabei Lärm zu machen, im übrigen aber brachten drei große, der leisesten Berührung Jeans gehorchende Läden das Geräusch für die Zeit seines Schlummers zum Schweigen. Wenn er aber ans Fenster trat, gab einer der Kutscher, sobald er ihn bemerkte, den anderen ein Zeichen, daß sie sich ruhig verhalten sollten. Sie sprachen nicht mehr miteinander, setzten ihre Eimer geräuschlos auf den Boden, so daß man nur das Wasser hörte, das von den Rädern niederrann, und wenn er rief oder etwas zu wünschen schien, forderten sie eifrig von der Schwelle ihres Wagenschuppens aus in der Küche des Hôtel de Chevreuse, das gegenüber auf den gleichen Hof ging, einen Diener auf, sich sofort zu Jean hinaufzubegeben. (J. S. II, 280)

Freilich ist der Roman *Jean Santeuil*, den Proust in einem Zuge niederschrieb, vom Verfasser niemals korrigiert worden. Marcel Proust sagt uns, sein Held habe nur eine Nacht in diesem Hotel zugebracht, aber aus der Fortsetzung geht hervor, daß er häufiger dort abgestiegen ist. Das hebt wenigstens zum Teil die Unwahrscheinlichkeit der berichteten Tatsache auf. Bestehen bleibt die ungewöhnliche Art, unter allen Umständen, wo man auch sei, bei Dienern oder «Untergebenen» die außerordentlich sorgfältige Behandlung zu erlangen, die man nötig hat. Wir finden dafür auch noch andere Beispiele ebenfalls in *Jean Santeuil*. So sehen wir, wie das gesamte Personal des Hotels, in dem er in Begmeil abgestiegen ist, völlig ihm ergeben, seine geringsten Launen erfüllt,

Die Großmutter …

und der Großvater Weil

Die Eltern in späteren Jahren

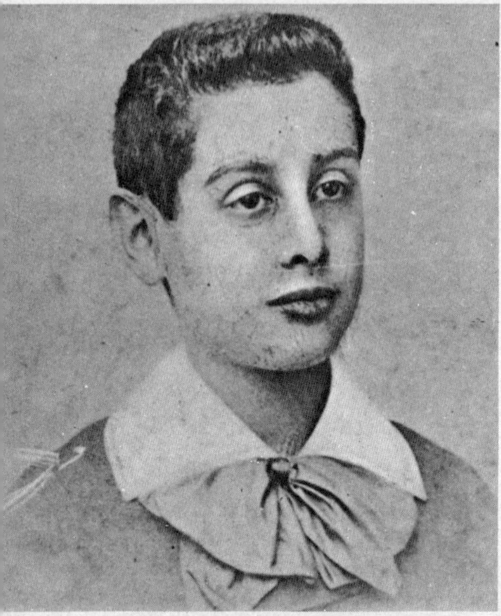

Robert Proust

Adrien Proust
mit seinem Sohn Robert

Die beiden Brüder

abends auf ihn wartet, so lange es ihm beliebt, sich seine Mahlzeiten auftragen zu lassen, zu denen er (um nicht irgendein Vergnügen zu versäumen) ganz unregelmäßig, oft erst sehr spät erscheint. Das ist für ihn eine Gelegenheit – er schreitet dabei auf Grund einer Methode, die ihm, wie wir sehen werden, ganz geläufig ist, vom Besonderen zum Allgemeinen fort –, uns eine Vorstellung von dem Lächeln zu geben, *das nur auf den Gesichtern derjenigen erscheint, die einen Augenblick lang an die anderen denken und deren dann ganz von Egoismus befreite Mienen einen Ausdruck verfließender Güte annehmen.* (J. S. II, 301)

Auch seltsamen Händlern begegnet man in *Jean Santeuil*:

Die Sorte von Kaufleuten, die einen immer weniger zahlen lassen, als man erwartet hat, die die kleine Ausgabe nicht rechnen, die man ihnen extra zumutet, indem man diese oder jene Sache zusätzlich von ihnen verlangt, so daß sie durch diesen Zug von Noblesse und eine gewisse Unabhängigkeit im Rahmen ihres Handels mit entzückenden Dingen einen Eindruck von Wohlstand erwecken und uns in dem Augenblick, da wir die Tür hinter uns schließen, ein glückliches Leben vor Augen zaubern, das aus erlesenem Stoff besteht und keinerlei trübseligen Gesetzmäßigkeiten unterliegt. Man verläßt den Ort daraufhin mit einem Herzen voller Sympathie und Heiterkeit und kehrt oft gleich darauf noch einmal zurück, weil man inzwischen für das kleine Mädchen, das neben seinem Vater an der Theke sitzt, in dem Neuheitenmagazin, das in der Vorweihnachtszeit aus der Provinz immer ein paar Spielsachen bezieht, eine Puppe erstanden hat. (J. S. II, 330)

Man beachte die kleine Geste erlesener Liebenswürdigkeit nach dem in aller Unbefangenheit entgegengenommenen Dienst. Und da sind auch die wohlerzogenen Diener, die *ihn nicht aufwecken, ihn, wenn er Lust hat, bis mittag schlafen lassen, so wie ein guter Förster, bei dem der junge Mann aus der Stadt Quartier nimmt, diesen schlafen läßt, inzwischen zu den Holzfällern geht und wartet, bis er wieder gerufen wird.* (J. S. II, 385) Man wird auch sehen, mit welcher Grausamkeit er – um sie ganz für sich zu haben und sie daran zu hindern, daß sie ihn (mit Frauen, die sie geneigt ist, ihm und den Männern überhaupt vorzuziehen) betrügt – seine zur «Gefangenen» gewordene Albertine hinter Schloß und Riegel hält, und nicht nur Albertine:

Ich verbrachte übrigens kurz darauf ein paar Tage in Tansonville. Die Ortsveränderung war mir verhältnismäßig lästig, da ich in Paris eine junge Person unterhielt, die in dem Pied-à-terre schlief, das ich mir gemietet hatte. Wie andere den Duft von Wäldern oder das Murmeln eines Sees, brauchte ich ihren Schlaf des Nachts in meiner Nähe, am Tage aber hatte ich sie immer neben mir im Wagen. Denn wie sehr man auch eine Liebe vergißt, sie wird dennoch die Form derjenigen, die auf sie folgt, bestimmen. Schon innerhalb der vorhergehenden haben tägliche Gewohnheiten existiert, an deren Ursprung wir selber sogar uns nicht mehr erinnern kön-

nen. Die Angst eines ersten Tages ist schuld zunächst an dem leidenschaftlichsten Wunsch, dann der Gewohnheit – die allmählich erstarrt wie gewisse Bräuche, deren Sinn sich nicht mehr feststellen läßt –, mit der Geliebten gemeinsam bis zu ihrer Wohnung zu fahren, sie ständig in der unsrigen anwesend wissen zu wollen, an allen ihren Ausgängen selbst oder vermittels einer Person, die unser Vertrauen genießt, teilzuhaben – alles Gewohnheiten, die unsere Liebe täglich wie große gleichmäßige Bahnen durchläuft, die einst im vulkanischen Feuer einer glühenden Passion zu so festen Formen ausgeglüht sind. Diese Gewohnheiten aber überleben die Frau, und sogar die Erinnerung an sie. Sie werden zum äußeren Schema – wenn nicht aller unserer Lieben, so doch gewisser, einander ablösender. So hatte meine Wohnung in Erinnerung an die vergessene Albertine die Anwesenheit meiner gegenwärtigen Geliebten gefordert, die ich vor den Besuchern verbarg und die mein Leben ausfüllte wie früher Albertine. Um nach Tansonville gehen zu können, mußte ich von ihr verlangen, daß sie sich von einem meiner Freunde beaufsichtigen ließe, der sich aus Frauen seinerseits nichts machte. (VI, 408–410)

Hier freilich hat der Despot zu lieben aufgehört ... Beachten wir, wie dies Thema wiederkehrt:

Denn dem Wesen, das wir am meisten geliebt haben, sind wir doch nicht so treu wie uns selbst, wir vergessen es früher oder später, um – da das einer der uns eigenen Züge ist – von neuem lieben zu können. Höchstens hat jene, die wir so sehr geliebt haben, zu dieser neuen Liebe eine spezielle Formung beigesteuert, dank der wir jener früheren treu noch in der Untreue bleiben. Wir tragen Verlangen danach, mit der folgenden Frau die gleichen Morgenspaziergänge zu machen oder sie in derselben Weise spät nach Hause zu geleiten oder ihr hundertmal zuviel Geld zu geben. (VII, 347)

Es ist ein Thema, mit dem eine nicht mehr auf den Erzähler, sondern auf Swann bezügliche Feststellung wiederaufgenommen wird:

Swann liebte eine andere Frau, eine Frau, die ihm keinen Grund zur Eifersucht gab und doch in ihm Eifersucht weckte, weil er nicht mehr fähig war, eine neue Art von Liebe aufzubringen, die gleiche, die er an Odette gewendet hatte, mußte ihm nun auch für eine andere dienen. Damit Swanns Eifersucht auflebte, war es nicht notwendig, daß diese Frau ihm untreu, es genügte vielmehr, daß sie aus irgendeinem Grund fern von ihm war. (II, 146)

Denn wie sehr man auch eine Liebe vergißt, sie wird dennoch die Form derjenigen, die auf sie folgt, bestimmen ... Aber das ist eine andere Geschichte, eine Liebesgeschichte, von der zu sprechen es noch etwas zu früh ist. Inzwischen wollen wir das begonnene Porträt vollenden. Es wäre unvollständig, wenn wir nicht jetzt schon die Rolle der Güte im Leben und im Werk Marcel Prousts aufzeigten. Trotz einer gewissen Neigung zu Grausamkeit und Sadismus, hatte er gleichwohl, was man ein weiches

Herz nennt, und zwar nicht nur infolge einer ungemeinen Sensibilität, dank der ein Übermaß an Zuneigung zu anderen Wesen nichts weiter als eine Sonderform des Egoismus ist. Er war großherzig und gefällig; seine Korrespondenz legt mehr als einmal Zeugnis davon ab.

So schreibt er zum Beispiel an seine Freundin Madame C. ...:

Ich sehe mich moralisch verpflichtet, jemandem in einer Verlegenheit beizustehen. Da aber meine eigenen Bedürfnisse meine Einkünfte übersteigen, die, wie ich Ihnen sagte, stark zurückgegangen sind, habe ich gleich an das gedacht, was Sie mir sagten, als ich Sie vor zwei Jahren in der Portiersloge Ihres Hauses traf, nämlich daß meine Fauteuils und die Bank sich als gut verkäuflich erweisen würden. Lettres à Madame C ..., 152) und in zartfühlendster Weise an Walter Berry:

Ich wollte Sie fragen, ob Sie vielleicht auf irgendeinen Kummer Bezug nehmen, den Sie haben, und ob ich ihm nicht (obwohl ich nicht ahne, welche Person ihn verschuldet hat, aber ich würde bestimmt einen Weg zu ihr finden) ein Ende bereiten könnte ... Stets außerstande, etwas zu erreichen, wenn es sich um mich selbst handelt, bringe ich fast immer Dinge zu gutem Ende, die andere betreffen, von den belanglosesten bis zu den ernstesten ... (Corr. V, 62)

. Proust verstand die anderen von innen her, sogar die, für die er im Grunde gar nichts übrig hatte. Als ein Anhänger von Dreyfus (also einer seiner «Freunde») den General Mercier beleidigt, wird er der Sache nicht eigentlich froh:

Es wäre unerhört komisch, wenn es nicht in der Zeitung hieße: General Mercier wird sehr blaß ... General Mercier erbleicht noch tiefer ... Das ist furchtbar zu lesen, denn noch im Bösesten leidet ein armes unschuldiges Tier, ein Herz, eine Leber, Arterien, die ohne Falsch sind, und nun Schmerz erdulden. Auch noch die Stunde der schönsten Triumphe wird dadurch vergällt, daß immer einer leidet ... (Aus einem Brief an Madame de Noailles)

Die außerordentliche Großherzigkeit Marcel Prousts schlug in Verschwendung um. André Maurois veröffentlichte einen Brief von ihm an seine Mutter, die zu einer Zeit, als er noch zu jung war, um etwas dabei zu finden, seine geringsten Ausgaben überwachte:

Du hast mir vorgestern früh 300 Francs geschickt. Vorgestern habe ich keinen Centime davon ausgegeben; gestern habe ich die Hin- und Rückfahrt von Thonon bezahlt (2 Francs 10) und abends den Wagen für Brancovans (7 Francs mit Trinkgeld). Von den 300 Francs aber habe ich bezahlt: 1) eine Rechnung von 167 Francs; 2) eine Rechnung von 40 Francs, Apotheke, Watte, usw. die für mich, obwohl ich alles selbst bezahle, infolge von Umständen, die ich dir erklären werde, aufgeschrieben waren; 3) 10 Francs (ein von Monsieur Cottin angegebener Betrag) für den Kellner, der mir morgens meinen Kaffee aus der Küche heraufgebracht hat; 4) 10 Francs für den Liftboy wegen zahlreicher Dinge, die er für mich erledigt hat, den Betrag hat der junge Galard so angegeben. Ich vergesse in der Eile irgend etwas. Aber das macht bereits, wenn ich mich nicht irre, 167 plus 40 plus 10 plus 10 plus 9,10 = 236,10 Francs, so daß mir von 300 Francs – 236,10 = (wenn ich richtig rechne) 63,90 blieben ... Damit ist alles Wesentliche gesagt. Mitteilungen und Gefühle für morgen. Tausend Küsse. («Auf den Spuren von Marcel Proust», S. 79)

Solche Stellen geben geeignete Beispiele für die außerordentliche Detailliertheit seiner Korrespondenz ab, deren komplizierte Form seiner Geisteshaltung entspricht. Die oben zitierte ist für ihn sogar ungewöhnlich klar und knapp. In dem Bestreben, möglichst genau zu sein, häuft er meist so viele unnötige Details, daß es schwierig ist, seinem Gedankengang zu folgen. Mit solchen Briefen aber, von denen er – später, als er ein Schwerkranker war – behauptete, daß er danach tagelang Fieber hatte, schien er nie zu Ende kommen zu können, da sein Briefstil sich durch eine eher weibliche Neigung zur Uferlosigkeit auszeichnete. Was nun noch einmal seine zur Verschwendung neigende Güte betrifft, so ist es hier wohl am Platz, eine Stelle aus *Jean Santeuil* zu zitieren, die beweist, wie hellsichtig er sein eigenes Wesen erkannte:

Jean ging vom Meer Abschied nehmen und sagte dann dem Wirt und der Bedienerin Lebewohl und beauftragte sie, den Fischerjungen zu grüßen, der ihn so oft hinausgefahren hatte und zu dieser Stunde zum Fischen draußen war. Allen sagte er, er werde im folgenden Jahr wiederkommen, ja, er sprach sogar davon, daß er dann länger bleiben werde. Im Gedanken an die Dinge, die er so sehr geliebt, deren andächtiger Verehrung er zwei Monate lang alle seine Stunden gewidmet hatte, konnte er sich nicht vorstellen, daß das jetzt für immer vergebene Liebesmühe gewesen, daß es damit aus und vorbei sein solle. Er wußte kaum, wie er von Leuten, die ihm Freundschaft bezeigten, für immer Abschied nehmen könnte. Réveillon hinderte ihn daran, alles Geld zu verschenken, das er bei sich hatte, vermochte ihn aber nicht davor zurückzuhalten, den Leuten mehr als hundert Francs dazulassen. Er wiederholte, er werde vielleicht noch innerhalb eines halben Jahres wiederkommen; er wollte sich dafür entschuldigen, daß er nur so wenig gäbe, und andeuten, daß dies nur der Beginn eines Geschenkes sei, das er jährlich erhöhen würde. (J. S. II, 208)

Eine andere Stelle möge die Beständigkeit dieser Güte bei Marcel Proust beweisen, die weit weniger oberflächlich und lässig war, als sie in den unbeschwerten, verwöhnten Tagen seiner Kindheit scheinen mochte:

Zur Stunde des Abendessens waren die Restaurants alle voll, und wenn ich im Vorbeigehen von der Straße her einen armen Urlauber sah, der, für sechs Tage der ständigen Todesgefahr entronnen und schon wieder zum Aufbruch in die Schützengräben bereit, seine Blicke ein paar Sekunden lang auf den beleuchteten Schaufenstern ruhen ließ, litt ich wie in dem Ho-

Reynaldo Hahn (Mitte) an der Front

tel von Balbec, wenn die Fischer uns beim Abendessen beobachteten; ich litt sogar noch mehr, weil ich wußte, daß das Elend des Soldaten ärger als das des Armen ist, da er alle Arten auf seine Person vereint, und auch rührender, insofern es resignierter, insofern es edler ist, und weil er mit dem Kopfschütteln eines Philosophen, ohne Haß, seinerseits bereit, von neuem ins Feld zu ziehen, beim Anblick der Daheimgebliebenen, die sich zur Vorbestellung ihrer Tische drängen, sagt: «Es kommt einem gar nicht vor, als sei hier überhaupt Krieg.» (VII, 77)

Es gibt in der *Suche nach der verlorenen Zeit* eine Person, die durch ihre Güte vor dem moralischen Abgleiten bewahrt wird, zu dem ihre Natur sie geneigt macht: den Baron de Charlus, über den Swann eines Tages die Überlegung anstellt:

... daß einzig Güte die Menschen daran hindert, ihrem Nächsten Böses zuzufügen, und daß er im Grunde nur für die der seinen ähnliche Natur einstehen könne, wie es bezüglich des Herzens wenigstens die von Charlus war. Der bloße Gedanke, Swann solchen Kummer zu machen, hätte jenen aufs tiefste verstört. Aber bei einem fühllosen Menschen, der einer ganz anderen Menschengattung angehörte, wie dem Prinzen des Laumes, konnte man nicht voraussehen, zu welchen Handlungen Beweggründe ihn

führen könnten, die einer von der Swanns verschiedenen Wesensart entstammten. Ein Herz haben ist alles, und das jedenfalls hatte Monsieur de Charlus. (I, 525)

Und ähnlich reagiert auch der Violinist Morel:

Welches auch seine Beziehungen zu dem Baron sein mochten, er hatte an ihm das kennengelernt, was jener vor allen Augen verbarg: seine tiefe Güte. Monsieur de Charlus hatte dem Violinisten gegenüber eine solche Großzügigkeit, ein derartiges Zartgefühl bewiesen, sich so gewissenhaft an sein gegebenes Wort gehalten, daß Charlie, als er ihn verließ, von ihm eine Vorstellung mitgenommen hatte, die keineswegs die von einem lasterhaften Manne (höchstens betrachtete er das Laster des Barons als eine Krankheit), sondern von einem Manne war, der von allen, die er jemals kennengelernt hatte, die hochsinnigsten Ideen hegte, einem Manne von außergewöhnlicher Feinfühligkeit, einem Heiligen fast. (VII, 126/7)

Wie es auch mit dem Baron de Charlus und seinen Lastern bestellt sein mag, Proust ging eines Tages so weit zu erklären, ein Schriftsteller, der nicht gut sei, könne kein Talent haben. Madame C ... gegenüber behauptete er sogar, das Herz sei *die letzte Dimension der Intelligenz* (Lettres 198). Tatsächlich liebt er vor allem die Güte an seinen Freunden, so zum Beispiel an Reynaldo Hahn, über den er an Lucien Daudet schreibt: *Wahrhaftig Reynaldo ist ein Fels der Güte, auf dem man bauen und wohnen kann, und zwar einer echten Güte*, und ein andermal, wobei er auf das Frontleben anspielt:

Ich bin sehr traurig über die Briefe, die ich von Reynaldo erhalte, nicht, daß sie nicht von beispiellosem Mut erfüllt wären, was ihn selbst angeht; aber was man so einfältig dahinsagt, weil es meist gar nicht paßt, trifft auf ihn gleichwohl zu: er nämlich hat ein «zu gutes Herz», ein zu weiches Herz, um unaufhörlich dicht neben sich andere leiden und sterben zu sehen; diese Trauer aber hat bei ihm Ausmaße angenommen, die ich zu Anfang nicht begriffen habe, die mich jetzt jedoch unglücklich machen. («Autour de soixante lettres de Marcel Proust», 107, 113)

Der Güte Reynaldo Hahns steht aber hier die Güte Marcel Prousts nicht nach.

Ein verführerischer, aber schon gefährdeter junger Mann

Von Anbeginn besteht bei Marcel Proust eine Fähigkeit zu genießen, die an Intensität seiner Leidensfähigkeit entspricht – das heißt maßlos ist. Alle Sinne in ihm nehmen (zu jener Zeit, als seine Gesundheit erst wenig angegriffen war) an dem unaufhörlichen Fest teil, das von den Freuden des Gaumengenusses bis zu denen des Schlafes reicht, ohne inzwischen irgendeine auszulassen, ja oft sogar in der Weise, daß er sich allen – oder wenigstens vielen – gleichzeitig überläßt. Diese Freuden wird er noch einmal durchleben, wenn er *À la Recherche du Temps perdu* verfaßt, das Werk, in dem das Sinnliche, wenn es geistig wird, gleichwohl nicht weniger – zumindest in einem gewissen Sinn – lustvoll für ihn ist. Diese aufglühende Sinnlichkeit offenbart sich natürlich weit mehr noch in *Jean Santeuil* als in seinem späteren Werk. Zahlreich sind dort Stellen wie die folgende:

Was für ein hübsches Museum ergibt doch ein Diner, wenn der Geruch von Seewasser, von dem wir in unserer im Binnenland gelegenen Stadt so lange träumten, bis wir ihn verspürten, uns (mit den Austern) fast berührbar nahe rückt, feucht auf der Oberfläche dargeboten in der silbernen, versteinerten Schale, wenn die Farbe des Weines aufleuchtet wie die Farbe eines Gemäldes unter dem durchsichtigen Schutz des Glases, wenn die unermüdlich herbeigeschleppten Schüsseln auf der schimmernden Tafel uns innerhalb einer Stunde das erfüllte und unmittelbare Empfinden von verschiedenen Meisterwerken schenken, nach deren einem oder anderen wir nur zu verlangen brauchen, damit dieser Wunsch eine müßige Stunde mit Zauber und Appetit ausfüllt ... So haben wir nicht nur die Austern, nach denen es uns gelüstet, aus dem Meer heraufgeholte Austern, vielmehr tut sich ein ganzes Museum vor uns auf, in dem jedes Meisterwerk Wünsche in uns weckt, die in ihm zugleich ihre Befriedigung finden, wie zum Beispiel dies beinahe schwarze Reh da mit dem dunklen, warmen, zuvor gebeizten Fleisch, das von einer kühlenden, blütengleichen Decke aus Johannisbeergelee überzogen ist, während man bei den zufälligen Abschweifungen der Plauderei das Gefühl hat, die Gefährten in weißem Frackhemd und die dekolletierten Gefährtinnen dieser künstlerischen Séance seien einem lieber als das ganze verflossene Leben, das man vor der Tür des hellen, warmen Speisesaales zurückgelassen hat, und wo einem jede

Bewegung mit dem Arm eine so köstliche Empfindung schenkt, als ob das Element, in dem man sich mit Leib und Seele bewegt, ein neues Element der Lust, ein aufpeitschendes und verderbliches Element sei, in dem man sich aller Kühnheiten voll, aller Bedenken bar und, an früheren Verantwortungen gemessen, völlig pflichtvergessen fühlt. (J. S. II, 316f)

Das ist freilich ein verworrener Text, nur gerade das, was man eine noch formlose Niederschrift nennt (die überhaupt erst durch die Kürzungen, die wir daran vorgenommen haben, einigermaßen verständlich wird), aber doch aufschlußreich durch den zugrunde liegenden Tatbestand jenes Heißhungers der Sinne, der den jungen Santeuil nicht nur alle Empfindungen bis zur Neige kosten, sondern diese auch noch, nachdem sie erschöpft sind, einander wechselseitig hochtreiben läßt, so daß der junge Genießer dahinter etwas noch nie Erlebtes, «ein neues Element der Lust» entdeckt. Oder ein paar Seiten weiter:

Das Gleiten und Knistern der Butter in der Pfanne würde in seinem leeren Magen keinen lustvolleren Kitzel erregt haben als die Klage des Regens, der an den Dächern niederrann und auf den sein Geist nur eine Sekunde aufmerkte, um sich darauf desto besser auf das mit Speck durchsetzte Omelette zu konzentrieren, das jeden Augenblick in den Speisesaal gebracht werden mußte. Er würde jetzt hinuntergehen, und während er es erwartete, sich an dem großen Kamin lachend wärmen und dabei zu Henri sagen: «Ich friere», vor Freude bebend, während er behaglich die Hände reibend die öde Landschaft unter dem strömenden Regen und dem düsteren Himmel betrachtete ... Jean indessen hielt inne, weil er nichts von dem köstlichen Geräusch des Windes verlieren wollte, so wie wir mit Entzücken den Duft der Orangenblüten einatmen, unendlich lange die schönen Farben des Meeres anschauen oben von der Klippe herab an einem strahlenden Nachmittag und, wenn unsere Augen sich an so viel Sonne berauschen, die sich über dem Meer in blauen Tönen verströmt, außerdem auch noch die dazunehmen, die dort glitzernd in schimmernden Pailletten funkelt, dann auch noch von dem leuchtenden Segel und dem blitzenden Vorderschiff den Sonnenglanz einsammeln, der das eine durchtränkt und das andere netzt, und glücklich zu werden scheinen wie das Meer und gleich ihm uns ganz von der Seligkeit dieses schönen Tages durchströmen lassen. (J. S. II, 331f)

Damit sind wir vom Genuß zum Glück übergegangen und erhalten einen ersten Hinweis auf etwas, was uns wie eine Konstante des innersten Lebens von Marcel Proust, zugleich aber auch als seine romanhafte Umbildung erscheinen wird. Was man jetzt schon beachten muß, ist, in welcher Weise er Genüsse, die verschiedene Sinne auf den Plan rufen und an die raffiniertesten Eindrücke des Geistes rühren, in gemeinsamer Orchestrierung symphonisch zusammenfaßt. Vollends verfeinert, wird diese Methode bei Marcel Proust weniger zu einem wirksameren Mittel eines (bislang nur physischen) Genusses werden, als vielmehr ein Mittel größerer Kunst. Eines seiner beliebtesten Verfahren, die eigenen Empfindungen in ihrer ganzen komplexen Fülle wiederzugeben, besteht späterhin tatsächlich im gleichzeitigen Appell an das Zeugnis mehrerer in sich selbständiger Sinne. Als Beispiel sei folgende Stelle aus *Jean Santeuil* zitiert, in der Gesicht und Geruch zusammenwirken, um einen einheitlichen Eindruck zu erzeugen:

So sah er das zarte Haupt einer jungen Fliederdolde, die mit jener unaussprechlichen Frische hingemalt war, von der ihr Duft eine jähe Vorstellung vermittelt, zugleich mit einem unerhörten Reiz, ohne daß man diesem bis in die Tiefe nachgehen kann. (J. S. I, 190)

Ebenso wird sich Swann durch das *luftig und duftgetränkt* in der Sonate von Vinteuil erscheinende Thema vor ein Rätsel gestellt sehen (I, 315). Dem Zauber der Fliederblüte oder eines musikalischen Motivs, allgemeiner gesagt, jedem seiner etwas lebhaften, ernsten Eindrücke nachzugehen, wird das Ziel der gesamten künstlerischen Existenz Marcel Prousts werden. Bis dahin beschreibt er, so gut es eben geht. Daraus ergibt sich, wenn wir beim Flieder bleiben wollen, (auf Vinteuil kommen wir zu gegebener Zeit zurück) zum Beispiel folgendes:

Nach den ersten Schneeballbüschen kam der Flieder und mischte hier und da unter sein dunkles Laub seine aus feinem Musselin gefertigten Blüten mit den blitzenden Sternen, die Jean durch bloßes Berühren zum Herunterfallen brachte, wobei sie zerstoben und einen guten Duft, wie der von Backwerk es ist, verbreiteten. Überall lebten aus der Erde geborene, aus der Rinde hervortretende, auf dem Wasser sich wiegende, weiche Geschöpfe in diesem Duft und verströmten ihren bezaubernden Farbton. Jene sanfte, mauvefarbene Tönung, die nach dem Regen in einem Bogen, der ganz nahe scheint, dem man aber nie näher kommen kann, sich uns im Himmel zwischen den Zweigen in weiche, feingliedrige Blüten verwandelt zeigt, konnte man hier anschauen, man durfte sich ihr nähern, ihren Duft einatmen, der fein wie sie selbst an den Fliederzweigen hing, man konnte ihn mit sich nehmen ... (J. S. I, 197)

Beachten wir den Ausdruck: ein guter Duft, wie der von Backwerk es ist! Vergleiche aus dem Gebiet des Gaumenreizes werden wir noch häufig im Hauptwerk Prousts begegnen. Eine ähnliche Beziehung finden wir in der folgenden Stelle (in der das Weiß- und Rotdorn-Motiv zu einem der großen Themen aus *Swann* hinüberleitet:

Jean hatte unter allen Blüten, die er vor sich hatte, ohne sie zu sehen und zu lieben, den Rotdorn erwählt, zu dem er eine besondere Liebe gefaßt hatte und von dem er eine endgültige Vorstellung besaß; er bat den Gärtner oft um einen Zweig, um ihn auf sein Zimmer mitzunehmen, und sobald er ihn weit hinten im Garten oder an einer Hecke bemerkte, blieb er in Betrachtung versunken davor stehen und hätte ihn gern gehabt. War es, weil dieser Baum schöner als andere, weil seine vielschichtigen, farbigen Blüten wie Festtagsgirlanden aussehen und er oft bei der Maiandacht tief unten abgeschnittene Zweige in den Vasen vor dem Altar hatte stehen sehen? War es, weil ihn, nachdem er zuvor nur den Weißdorn gesehen hatte, der Anblick einer gleichen Pflanze von rosa Farbe, deren Blüten nicht einfach, sondern gefüllt waren, gleichzeitig durch die Wirkungen der Analogie und der Verschiedenheit berührte, die beide so viel über unseren Geist vermögen? Dennoch hatte er vielleicht Heckenrosen gesehen, bevor er echte Rosen sah, und mochte trotzdem die einen wie die anderen niemals besonders gern. War am Ende mit dem weißen und rosigen Dornstrauch die Erinnerung an den weißen Rahmkäse verknüpft, der eines Tages, als er Erdbeeren darin zerdrückt hatte, ein Rosa annahm, von einem Ton, der ungefähr dem des Rotdorns glich, und für Jean etwas Köstliches blieb, das er mit dem größten Genuß verzehrte und sich alle Tage von der Köchin ausbedang? Vielleicht half ihm diese Ähnlichkeit, den Rotdorn zu bemerken und zu lieben, und bettete seinen Duft in eine unvergängliche Erinnerung an Genießertum, heiße Tage und ungebrochene Gesundheit ein. (J. S. I, 203–204)

Ebenso aber wie auf literarischem Gebiet eine solche Orchestrierung zu vollendeter Kunst führt, schafft sie im Bereich des Lebens in seltenen, begnadeten Minuten einen so vollkommenen Genuß, daß man ihn nicht mehr als etwas bloß Sinnliches bezeichnen kann:

Oft nahm er, nach einer üppigen Mahlzeit leicht berauscht, einen Wagen, um noch eine Soirée zu besuchen. Wie ein Mann im Paroxysmus der Liebe leidenschaftlich in verkrampften Händen das Haar der Geliebten, die Spitzen ihres Kleides, den Saum des Bettuches hält, in die sie sich unwillkürlich eingekrallt haben, konnte er es an einem solchen Abend nicht unterlassen ... sich an der Wagentür festzuhalten und eine eben begonnene Bewegung so wenig abzukürzen, als würde er damit irgendeine innere Musik unterbrechen, die in ihm bebend schwang; mit einem Gefühl von unerhörter Süße ließ er seine Schulter gegen die Wand des Gefährtes sinken und stieß ganz laut, so daß er sie selber als viel zu stark hallen hörte, Worte der Dankbarkeit für das rasche Pferd hervor, das ihn seiner Soirée entgegentrug und dessen scheuen, feingezeichneten Kopf er durch die Glasscheibe hindurch vor sich hertanzen sah. (J. S. III, 165)

Es bedarf keines künstlichen Rausches, um dies Glück kennenzulernen, dem wir bei Marcel Proust bereits in reinerer Form begegnet sind und das wir im folgenden wiederfinden:

Um mich aber mit der Unterscheidung zweier den Geist bedrohender Gefahren zu begnügen und mit der äußeren anzufangen: ich erinnerte mich, daß es mir oft schon in meinem Leben so ergangen war – in den Momenten geistiger Übersteigerung, in denen irgendein Umstand bei mir jede physische Aktivität unterband, zum Beispiel, wenn ich halbberauscht das Restaurant von Rivebelle im Wagen verließ, um mich zu einem benachbarten Kasino zu begeben –, daß ich sehr deutlich in mir den augenblicklichen Gegenstand meines Denkens verspürte und mir klar darüber

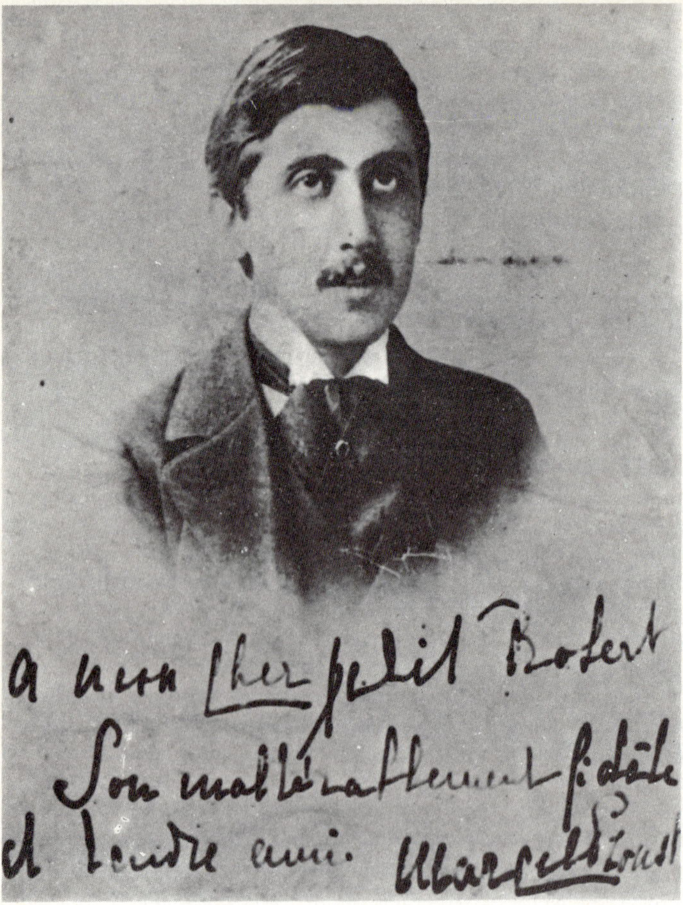

war, daß es von einem bloßen Zufall abhinge, nicht nur, ob dieses Objekt in meinen Geist überhaupt schon eingetreten sei, sondern auch, ob es nicht zugleich mit meinem Körper vernichtet werden würde. Ich machte mir damals wenig Sorgen darum. Meine Beschwingtheit war weder von Vorsicht geleitet noch von Beunruhigung getrübt. Ob dieses Freudegefühl in einer Sekunde verflog und sich im Nichts verlor, machte mir wenig aus. So aber war es jetzt nicht mehr; das kam daher, daß das Glück, welches ich verspürte, nicht mehr aus jener rein subjektiven Spannung der Nerven herrührte, die uns von der Vergangenheit isoliert, sondern im Gegenteil von einer Ausweitung meines Geistes, in dem sich die Vergangenheit neu *gestaltete, zur Gegenwart wurde und mir – nur für den Augenblick, ach! – Ewigkeitswert verlieh. Ich hätte diesen gern an diejenigen weitergegeben, die ich mit meinem Schatz hätte bereichern können. Gewiß, was ich in der Bibliothek empfunden hatte und in meinem Inneren zu erhalten versuchte, war nur etwas wie ein Vergnügen, dies aber war nicht egoistisch mehr, oder doch mindestens durch einen Egoismus bestimmt (denn alle fruchtbaren Altruismen der Natur entwickeln sich nach einem egoistischen Modus; der menschliche Altruismus, der nicht egoistisch ist, bleibt steril, es ist derjenige des Schriftstellers, der sich in seiner Arbeit unterbricht, um einen unglücklichen Freund zu empfangen, eine öffentliche Tätigkeit zu übernehmen oder Propaganda-Artikel zu schreiben), der für die anderen nutzbar zu machen war.* (VII, 544–545)

Fernand Gregh, der 1892 das Porträt Marcel Prousts entwirft, äußert sich folgendermaßen: «In den Augen der Frauen und mancher Männer ist er schön ... Er verfügt über mehr als nur Schönheit oder Anmut oder Geist; er hat das alles zugleich ...»

Als der junge Proust an Anatole France die Frage richtet, wie er es angestellt habe, so viel zu wissen, antwortet ihm der Meister: «Das ist ganz einfach, mein lieber Marcel: in Ihrem Alter bin ich nicht so liebenswürdig gewesen wie Sie; ich gefiel nicht besonders; ich ging nicht in Gesellschaft, sondern blieb zu Hause und las; ich las unausgesetzt.» Der Verfasser von *Jean Santeuil* bewundert nicht ohne Selbstgefälligkeit seine eigene Schönheit, Klugheit und seine gesellschaftlichen Erfolge. *Wie ärgerlich, daß sie glauben, ich sei ebenso gescheit wie Monsieur de Bellièvre, wo ich doch tausendmal klüger bin,* sagt sich in aller Unschuld Jean Santeuil (J. S. III, 49). Ein andermal hält er beim Nachhausekommen, nachdem er den «Herzog von Richmond» von van Dyck gesehen hat, sich selbst für *einen kleinen Herzog von Richmond, da er, nachdenklich und schön wie jener, gerade im Begriff war, sich zu duellieren* (97)* – was Proust übrigens wirklich tat, denn es fehlte ihm nicht an Mut, und in Ehrenfragen erwies er sich als sehr empfindlich. Man könnte übrigens allein schon an Hand von *Jean Santeuil* eine Studie über die Kämpfe machen, die ein Proust, der sich mit seinem «Anderssein» noch nicht abgefunden, der Sehnsucht nach dem «Normalen»

* «Eines Tages gingen wir in den Louvre ... Er blieb lange vor van Dycks Bild des Herzogs von Richmond stehen und machte eine Bemerkung darüber, daß diese ganze Jugend, deren Porträts man in England, in Dresden, in der Eremitage sieht, von den «Iron-sides» Cromwells hinweggemäht worden sei. Wir tauschten philosophische Betrachtungen über den Tod der «Kavaliere» und ihres Königs Karl aus; das Echo unserer Gedanken findet sich in den bezaubernden Versen wieder, deren klingende Begleitung Reynaldo Hahn geschaffen hat:

Tu triomphes, von Dyck, prince des gestes calmes,
Dans tous les êtres beaux qui vont bientôt mourir ...»

(Robert de Billy, Marcel Proust: «Lettres et conversations», 29–30) hat, der darunter leidet, sich in seinem Ruf angetastet zu fühlen, mit sich selber vollführt.

Der sehr spezielle Ton seiner Briefe – in denen er zu seinem Briefpartner, wie wenig bedeutend er auch sein mag (und wie unbedingt er ihn auch in dieser Hinsicht durchschauen muß), immer gleichsam emporblickt – würde mehr als nur eine Deutung zulassen, von dem wahren Hochmut des Verfassers über bloße Höflichkeit hinweg bis zu seiner nicht weniger wirklich vorhandenen Demut. Einer seiner ältesten Freunde, Robert Dreyfus, kommentiert diese Charakterveranlagung mit den folgenden Worten: «Die Demut, die Proust allzu oft in seinem Ton walten ließ, reizte uns fürchterlich und ließ in uns den Verdacht aufkommen, daß er nicht ganz aufrichtig sei. Gern stellten wir untereinander fest: ‹Er ist wirklich allzu honigsüß ...› Tatsächlich glaube ich, daß er vor allem viel besser war als wir, und daß er sich aus ständiger grauenhafter Angst, andere zu demütigen, in dieser Weise selbst erniedrigte.» (Corr. IV, 171) Offenbar muß man jedenfalls daraus schließen, daß er selber Demütigungen in seinem Leben erfahren hat. Der folgende Text legt Zeugnis von beiden grundlegenden Seelenhaltungen unseres Autors – dem Hochmut und der Bescheidenheit – ab.

Jean wäre gern Tecmar, Riquet, das heißt allen denen begegnet, deren offenkundiger Triumph über ihn selbst ihn entmutigt hatte. In welchen großartigen, lächelnd hingeworfenen Worten hätte er seine Freude, sein Vertrauen auf sein Glück und seine Schönheit vor ihnen funkeln lassen. Er verspürte in sich ein Glück, in dessen Vollgefühl er jedem, der den Anspruch erhob, erfolgreicher, klüger, glücklicher zu sein als er, die Stirn geboten hätte ...

Wie ein Leichttrunkener, der sich bei der Erinnerung an die belanglosesten Einzelheiten des Abends und der Beobachtung der gewöhnlichsten Gegenstände in seiner Nähe über das alles freut wie über ein unsägliches Glück oder sie herzt und hegt wie unvergleichliche Freunde, dachte er an die mannigfachen Vorteile seines Lebens, die gleichsam anschwollen von dem positiven Lustgefühl, das ihn erfüllte: an die Liebe einer Frau wie Françoise, an die Soiréen der Réveillon, La Rochefoucauld, Tournefort, bei denen er schön und lächelnd (wie er jetzt bemerkte) noch erscheinen konnte, als ob es unschätzbare Vorteile seien. Und dann – es war dies ein Seelenzustand, in den er jedesmal geriet, wenn er an Leute dachte, auf die er eifersüchtig war, und zwar aus einer Unfähigkeit seines Herzens heraus, sich geschlagen zu geben, sowie einer Art von innerer Notwendigkeit, die ihn drängte, wenigstens in der Phantasie ihnen die Stirn zu bieten – stellte er sich alles, was die anderen hatten und was er nicht hatte – Maltalent, eine brillante Stellung und wirkliche Macht im Staate, einen unangetasteten Ruf –, wie Güter vor, die so unwichtig seien, daß er nicht nur ohne Schmerz auf sie zu verzichten, sondern sie sogar freiwillig denen zu überlassen bereit war, die, da sie nicht mit den erhabenen Genüssen (der

Liebe einer Françoise, der Hoffnung, bei den Réveillon, zu denen Grisard nicht ging, einen vorzüglichen Eindruck zu machen) beschäftigt waren, ihrerseits Zeit haben und Verlangen verspüren könnten, solche kleinlichen Vergnügungen zu kosten. Zweifellos sagte er sich wohl, daß solche Momente der Beglückung, in denen alles schön erscheint, auch Grisard haben mochte, und daß, ganz abgesehen von solchen freudevollen Stunden, eine wohltätige Illusion, die Gott einem jeden von uns geschenkt hat, ihn gute gesellschaftliche Verbindungen wahrscheinlich als etwas Unbedeutendes ansehen ließ, das er für sich selbst gar nicht gewollt haben würde. Und plötzlich fragte er sich dann sogar – in der Erinnerung daran, daß er für seine Person ja gar kein Anrecht auf diesen gesellschaftlichen Aufstieg gehabt habe, mit dem er sich in seiner Einbildung gegen die Verachtung Grisards wie mit einer Überlegenheit sicherte, die um so unbestreitbarer war durch ihre materielle Form – weshalb Grisard, wenn er wollte, nicht dasselbe erreichen sollte. Aber wir neigen leicht zu dem Glauben, daß die Dinge, die wir uns wünschen, kraft eines geheimnisvollen, uns wohlgesinnten Gesetzes uns auch widerfahren und auf Grund dieses gleichen Gesetzes diejenigen, die wir fürchten, nicht eintreten werden. So schien es ihm denn auch ... daß Grisard niemals eine Stellung in der Gesellschaft haben werde. Was aber ihn selbst, die politische Macht, den unangetasteten Ruf betraf, den er nicht besaß, so ließ ihn sein wenn auch uneingestandenes Verlangen danach so lebhaft davon träumen, daß dieser Traum beinahe Wirklichkeit wurde, wobei er zudem die Erfüllung, die er gleichwohl in keiner Weise vorzubereiten oder wahrscheinlich zu machen bemüht war, in eine glorreiche, vage, aber nahe bevorstehende Zukunft verlegte. (J. S. III, 162–163)

Sehen wir einmal über die ungeschickte Anhäufung des vergleichenden «wie» hinweg (wir dürfen nicht vergessen, daß es sich nur um eine erste Niederschrift handelt), die im übrigen durch die drei Schlußadjektive wieder wettgemacht sind – in Zukunft einer der stetigsten und gelungensten Effekte unseres Autors. Festhalten müssen wir indessen den gesellschaftlichen Erfolg Jean Santeuiles und die Wichtigkeit, die er ihm beilegt: wir werden darauf in einem speziellen Kapitel zurückkommen, denn der Snobismus und seine Wandlungen müssen unter die Zahl der wesentlichen Elemente des Proustschen Werkes gerechnet werden. Interessanter noch als die Selbstzufriedenheit, von der diese Textstelle Zeugnis ablegt, ist die darin sich offenbarende Beunruhigung durch einen nicht durchaus unangetasteten guten Ruf. Jean Santeuil ist zu Unrecht bezichtigt worden, er habe falsch gespielt. Aber wir haben hier zweifellos die romangerechte Umsetzung einer weniger wohlfundierten Unschuld innerhalb einer anderen Sphäre, der Sphäre der Sitten, vor uns. Wir werden sehen, daß Marcel Proust schon in *Jean Santeuil* viele Listen anwendet, um seine wahre Natur wirksam zu verhüllen. Doch kehren wir zunächst noch wieder zu seinen Höherwertigkeitskomplexen und der in dieser Hinsicht bereits in ihm waltenden Unsicherheit zurück. Wenn wir uns nur auf den dritten Band von *Jean Santeuil* beschränken, so sehen wir, wie er auf drei aufeinanderfolgenden Seiten (236–238) wiederholt, daß er sich schön findet, daß er sehr gut aussieht, daß er sich in Hochgefühlen wiegt, ganz zu schweigen von seinem *Stolz darauf, jung, schön, mächtig und reich zu sein.* Auf Seite 253 findet er sich im Spiegel *schöner als sonst*, und auf Seite 296 beschreibt er sich als einen *jungen Mann von glänzender Erscheinung* (aus Anlaß eines Porträts von ihm, das jenem wirklich vorhandenen entspricht, auf dem J.-É. Blanche einen tatsächlich schönen, eleganten, jungen und glänzenden Proust für uns festgehalten hat). Die *Sorge um seine Schönheit* taucht vier Seiten später noch einmal auf. Das bildet jedoch kein Hindernis für die Klarsicht, mit der er zum Beispiel die Enttäuschung seiner Eltern registriert, als sie nicht umhin können, *starke Unglückschancen in der Natur dieses Sohnes, seiner Gesundheit, seinem zum Trübsinn neigenden Temperament, seiner Verschwendungssucht, seiner Trägheit, seiner Unfähigkeit, sich eine äußere Stellung zu verschaffen, dem Verschleudern seiner Geisteskräfte zu erkennen ...* (309)

Tatsache war, daß Marcel Proust, wie unbekannt und unbeachtet er auch zunächst noch blieb, auf die ihm Nahestehenden eine Art von Faszination ausübte (so daß die meisten seiner Briefpartner Zeilen von der Hand dieses Unbekannten sorglich aufbewahrten); andererseits stimmt es auch, daß er darunter litt, diesen äußeren Erfolg nicht in ein Werk umsetzen zu können, durch das er nicht nur seine Eltern über seine Zukunft beruhigt hätte, sondern auch selbst zu einem weniger flüchtigen und enttäuschenden Besitz der Wesen und der Dinge gelangt wäre; richtig ist auch, daß er sich vom Standpunkt der geltenden Regeln der Gesellschaft aus streng und ohne auf einen privaten Kodex zu pochen, durch den allein man seine andersgerichtete Natur hätte wahrhaft akzeptieren können, zu beurteilen pflegte. Ein Gide hat nicht verlangt, daß man ihm verzeihe, sondern daß man ihn als unabhängige Macht anerkenne, die nur sich selber Rechenschaft schuldig ist. Proust hat sich mit seinem Anderssein nicht solidarisch zu erklären gewagt, er hat sich nicht dazu bekennen können oder wollen. Daraus ergibt sich die literarisch so fruchtbare Situation der Unruhe und des Unbehagens, wie sie einer von Gewissensbissen heimgesuchten Existenz eigentümlich ist, daraus auch vielleicht das instinktive Suchen nach einer Art von Ausgleich im Umgang mit wirklichen oder angeblichen «Großen», ganz als könne er auf einer anderen Ebene einheimsen, was in seiner Selbsteinschätzung ihm an Ehre abging. Daraus resultiert aber auch schließlich eine gewisse fundamentale Lüge in seinem Werk, in dem er die Päderastie nicht selber auf sich nimmt, sondern in Helden außerhalb von sich selbst projiziert: eine Haltung, in der manche Beurteiler eher eine Fälschung als eine bloße Umsetzung erkennen wollen, während wir hier im Gegenteil erklären möchten, inwieweit wir sie für entschuldbar halten.

In der letztzitierten Stelle aus *Jean Santeuil* trat die Gesundheit gleich nach der Empfindlichkeit unter den charakteristischen Zügen auf, die geeignet waren, das Unglück des Helden und der Seinen heraufzuführen. Das Leben Marcel Prousts trägt nun allerdings tatsächlich unaufhörlich die tiefen Spuren dieses schlechten Gesundheitszustandes an sich. In der Einleitung seines ersten Buches finden sich die folgenden Zeilen:

*Als ich noch klein war, schien mir das Los keiner der Personen der Heiligen Schrift so bejammernswürdig wie das Noahs, und zwar wegen der Sintflut, derzufolge er vierzig Tage lang in der Arche eingesperrt ausharren mußte. Später war ich oft krank und mußte lange Tage hindurch gleichfalls «in der Arche» bleiben. Damals ging mir auf, daß Noah die Welt nie so gut sehen konnte wie von der Arche aus, weil sie nach außen abgeschlossen war und auf der Erde tiefstes Dunkel herrschte.** (*Les Plaisirs et les Jours*)

Das ist eine Stelle, die voller Vorahnung ist, denn wenn Proust schon leidend war, so war er doch noch nicht an sein Krankenzimmer gefesselt, wie er es eines Tages – für immer – sein sollte. Als Kind zart und nervös, wird er früh bereits ein ständiger Patient. Zunächst und ziemlich lange noch handelt es sich nur um Asthmaanfälle, die in ziemlich großen Abständen auftraten, jedoch schon ernst genug waren, um seinem Dasein ihren Stempel aufzudrücken. Wir finden in allen seinen Büchern häufige Niederschläge dieser stetigen Gegenwart der Krankheit in seinem Leben – begleitet von einer unaufhörlichen Sehnsucht, zum Beispiel auch wieder in *Jean Santeuil*:

Später, als er gleichwohl noch sehr jung war, hinderten ihn Asthma und rheumatische Anfälle daran, zu laufen und zu springen, sich jemals mit allen Kräften seinem Bewegungsdrang hinzugeben. Manchmal, wenn er sich mit Entzücken des raschen Rauschgefühls erinnerte, mit dem er früher wie der Blitz durch Blumen und im Vorbeieilen gestreifte tropfende Fliederzweige dahingejagt war, während er sich jetzt mit Mühe von seinem Stuhl erhob, um vorsichtig den schmerzenden Fuß auf den Boden zu setzen, verspürte er keine Regung von Bitternis oder Neid gegenüber dem allmachtbegabten Kind, das er vordem gewesen war und nie wieder sein würde. Er dachte an dieses Kind vielmehr mit weicher Zärtlichkeit wie an die Kräfte eines Sohnes, auf den man stolz ist, und mehr vielleicht noch, als man es bei einem Sohn tun würde, in dessen Leben man nie so nahe eingedrungen ist, durchlebte er jene Stunden und berauschte sich an ihrer Süße mit schwermütigen Gefühlen. (J. S. I, 175–176)

... Denn den Schlaf, die Nahrung, das Meer, den Wind lieben wir mittels unserer Einbildungskraft wegen alles dessen, was sie für uns an Stärke

* In die deutsche Ausgabe (*Tage der Freuden*) offenbar nicht aufgenommen.

und Süße bedeuten. Nur im Leben der Tiere aber können wir sie ganz rein erkennen, weil sie dort das ganze Leben ausfüllen. Doch mehr als diese genießen wir selbst das alles in den Stunden, in denen wir uns nach der Mahlzeit in der Sonne ausstrecken und Himmel und Meer betrachten, draußen im Freien einschlafen beim Schrei der Möwen und uns im Sande umdrehen, um von neuem einzuschlafen, während unser leerer Geist und glücklicher Leib von allen Sorgen befreit scheinen, denn wir kosten alles zugleich in unserer Phantasie aus, und zwar erst recht, sofern wir zu denen gehören, für die der Schlaf eine Seltenheit ist und eine Seltenheit auch ein Nachtischbehagen, das einen ganz und gar in Anspruch nimmt, ebenso wie auch der Anblick des Meeres und der Möwenschrei. Nur für den Denker und den Kranken kann das animalische Leben alle seine berauschenden Reize entfalten. (J. S. II, 192)

Es wäre leicht, noch viele andere, analoge Anspielungen aus der *Suche nach der verlorenen Zeit* zu zitieren, wo die erblühten jungen Mädchen zum Beispiel *gleich einer unwirklichen, diabolischen Materialisation des dem meinen entgegengesetzten Temperaments, jener barbarischen, grausamen Vitalität, die meiner Schwäche, meiner übermäßigen Schmerzempfindlichkeit und meinem Intellektualismus so vollkommen fehlt* (II, 624), auftreten. Am Anfang von *Die wiedergefundene Zeit* findet man eine Bemerkung darüber, wie der Erzähler – da er sich einen Augenblick darüber beunruhigt, daß er die interessanten Personen, denen er begegnet ist, keiner hinlänglich genauen Beobachtung unterzogen hat – *in eine Art von Raserei* gerät, weil er *krank war und nicht noch einmal alle ... verkannten Leute wiedersehen konnte*. Aber da diese Wesen ihr Prestige nur *einer trügerischen Magie der Literatur* verdankten (genauer gesagt der *des Tagebuchs der Goncourt, in denen eine höchst banale Wirklichkeit gleichsam geadelt und künstlich in Szene gesetzt wird*, tröstet sich der Erzähler, daß er *von einem Tag zum andern wegen seines fortschreitenden Leidens mit der Gesellschaft brechen, auf Reisen, auf Museumsbesuche verzichten mußte, um sich mit Rücksicht auf seine Gesundheit in ein Sanatorium zurückzuziehen* (VII, 59). In diesem Sanatorium sehen wir ihn dann tatsächlich mehrere Jahre verbringen, wobei der Aufenthalt dort die romanhafte Umsetzung einer langen Zurückgezogenheit in seiner Pariser Wohnung Boulevard Haussmann Nr. 102 darstellt, die – mehr noch vielleicht als durch Krankheit – durch die Niederschrift seines großen Werkes motiviert war, das er endlich begonnen, weiter und sogar beinahe zu Ende geführt hatte: *Auf der Suche nach der verlorenen Zeit.*

Der kranke Proust, der sich noch dazu ganz dem gigantischen Werk widmete, das er unternommen hatte, vermochte nur in einem hermetisch abgeschlossenen Raum zu leben, dessen Fenster zu jeder Jahreszeit und Stunde ungeöffnet blieben. Korktafeln, die den Wänden aufgelegt waren, erstickten die letzten Geräusche, jedes noch verbleibende ferne

Raunen des Lebens. Sicherlich muß man Verständnis dafür haben, daß der Asthmatiker seinen überempfindlichen Körper zu erhalten versucht und daß der große Arbeiter völlige Stille braucht. Aber auch ganz unabhängig von Krankheit und Arbeit entdecken wir an Proust schon zur Zeit seiner Muße und (relativen) Gesundheit die Neigung zu abgeschlossenen Räumen, Sehnsucht nach dem «Umfriedeten», das Bedürfnis, sich gesichert und nach allen Seiten hin gegen materielle Hindernisse abgeschirmt zu fühlen. Beispiele dieser Klaustrophilie entdecken wir in *Jean Santeuil*:

Jean mußte einmal im Hôtel d'Angleterre übernachten. Zum erstenmal fühlte er sich in einem neuen Zimmer weder ängstlich noch traurig. Als er eintrat und, den Tod in der Seele, seine Sachen ablegen wollte, nahm ein kleiner weißer Lehnstuhl sie wohlmeinend in seine Arme auf. Ein Tisch bot ihm ein Tintenfaß dar und wartete förmlich darauf, daß er schreiben wolle. Nachdem die Doppeltür sich geschlossen und die Wandbespannung für Stille gesorgt hatte, schienen alle andern Wesen so fern, daß er Lust verspürte, vor Freude in die Luft zu springen und durch den weichen Vorhang hindurch die kleine dicht schließende Tür in dem Gefühl zu küssen, er könne sich fest darauf verlassen, daß sie sich nicht wieder öffnen werde ... Die Wände, die so liebevoll dieses Zimmer zu umschließen, es von der übrigen Welt zu isolieren schienen und die man da so dicht vor sich sah, wie sie sich mit einem beschäftigten, über einen wachten, rasch von den Ecken sich abwendeten, um dem Tisch, den Sesseln Platz zu machen oder dem kleinen Bücherregal den Vortritt zu lassen, öffneten sich gleichzeitig an beiden Seiten in der Tiefe des Zimmers, um Raum für das Bett auszusparen, das sich auf diese Weise in eine Art von Alkoven aufgenommen, doch keineswegs verloren sah, so wenig nur traten die Wände, obwohl sie sich entfernten, zurück, ganz als wollten sie sagen: «Wir sind immer da»; sie beließen es dennoch im gleichen Raum und rahmten es von hinten sogar derart eng ein, daß es scheint, als wollten sie das Zimmer selbst dadurch besser zusammenhalten ... Nicht weit von dem Kamin befand sich eine kleine Tür fast in seiner Reichweite, wenn er sich entkleidete. Sie führte auf drei kleine Räume, in denen alles enthalten war, was ihm irgendwelche Dienste erweisen konnte, die er sich wünschen mochte. Dabei waren sie so winzig, daß man das Gefühl hatte, immer noch in dem Zimmer zu sein, von dem man sich zwar abschließen konnte, wenn man die Tür zumachte, in dem man aber doch ständig blieb, das Gefühl auch, daß man nicht einen neuen Ort betrat, daß keine Tür, keine Treppe wen auch immer hierherein führen könnte, daß es sich hier um das äußerste Ende dieser abgeschlossenen kleinen Welt handelte und daß keine lebende Seele von dieser Seite her sich werde nähern können. Nachdem Jean die kleine Tür geschlossen hatte, die ihm den Weg aus seinem Zimmer in diese drei kleinen Räume wies, die Tür, die sich ganz diskret schloß und abwartete, daß er wieder hinaus wollte, begab er sich in den dritten winzigen

Reynaldo Hahn

Auf der Rückseite des Originals dieser Fotografie finden sich die folgenden von Reynaldo Hahn für Marcel Proust komponierten Takte:

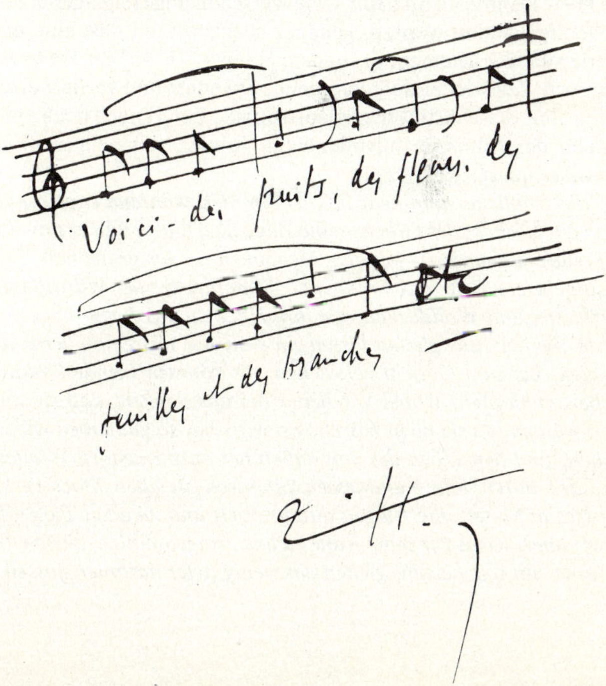

Raum, der mit den beiden vorigen in Verbindung stand und ziemlich langgestreckt war. Wenn er ihn aber noch enger wünschte und sich noch stärker von allem, was ihn in seinem Zimmer erwartete, entfernt fühlen wollte, konnte er durch Schließen der zweiten Tür die Wirkung von nur zwei kleinen Räumen erzeugen oder durch Schließen der dritten die eines einzigen kleinen ... So auf sich beschränkt, glich der kleine Raum einer bloßen Zelle, in der er sich einsamen Übungen hingeben könnte. Das aber flößte ihm ein übersteigertes, alle Ordnungen durchbrechendes Gefühl der Macht und der Isolierung ein. Einmal hielt er alles verschlossen – aus dem Gefühl heraus, daß nun niemand werde eintreten können – ein andermal aber geöffnet auf Grund der Gewißheit, daß trotzdem niemand hereinkommen könne. Dort hatte er in aller Sicherheit Geheimnisse verbergen oder Verbrechen begehen können. Die nicht zu weit voneinander entfernten Wände, die nicht zu hohen Zimmerdecken hielten sich immer dicht in seiner Nähe, hübsch zu sehen, angenehm zu berühren, gewährten ihm Schutz und schufen Stille und Einsamkeit rings um ihn her ... Da das Hotel aber an ein altes Haus aus dem 14. Jahrhundert stieß, ging das Fenster auf einen jener kleinen, auf allen Seiten von Häusern umschlossenen Höfe, in denen der Blick durch schöne Torbogen und breite Fenster ebenfalls eng begrenzt war ... (J. S. II, 278f)

Eine analoge Stelle findet sich in der *Welt der Guermantes*, eine Stelle, die ganz offenbar aus den gleichen Erinnerungen erwachsen ist: *Die Wände trennten in sanfter Umarmung den Raum von der übrigen Welt ...* (III, 119). Denn *Jean Santeuil* – wie wir schon angezeigt haben und noch Gelegenheit finden werden, genauer nachzuprüfen – ist eine erste Orchestrierung der Themen, die in dem Hauptwerk *Auf der Suche nach der verlorenen Zeit* wieder aufgenommen, erweitert und vertieft erscheinen werden. Für diese instinktive Klaustrophilie liefert auch noch eine andere Stelle des früheren, unvollendeten Romans eine Illustration. Jean Santeuil erinnert sich an ...

... die fröhliche Heimkehr in sein Zimmer, während er selbst verspürte, wie ein Lächeln des Glücks seine Züge überflutete und er unwillkürlich vor Freude umhertanzte bei dem Gedanken an das große von Eigenwärme aufgeheizte Bett, das brennende Kaminfeuer, die Wärmflasche, die Federkissen und Wolldecken, die ihre Hitze an das Lager abgegeben haben, in das wir uns gleiten lassen, in dem wir uns einmauern, uns verschanzen, bis zum Gesicht verstecken, als könnten Feinde kommen und draußen anklopfen, wobei wir heiter bei uns denken, daß sie uns nicht fassen werden, da sie nicht wissen, wo wir sind, so gut haben wir uns verkrochen, und den Lärm des von außen her anstürmenden Windes verlachen, der durch alle Kaminessen hindurch zu allen Stockwerken des Schlosses aufsteigt, alle Etagen durchstöbert und an allen Türgriffen rüttelt; wir aber, wenn wir seine Kälte zu uns dringen fühlen, ziehen die Dekken fester um uns herum, gleiten ein wenig tiefer darunter, fassen unsere

Marcel Proust mit seinen Freunden Lucien Daudet und Robert de Billy

Wärmflasche mit den Füßen und schieben sie etwas höher hinauf, damit, wenn wir sie wieder nach unten rücken, das Bett an dieser Stelle glühend heiß bleibt, verbergen uns so, daß nur das Gesicht herausschaut, knäueln uns zusammen, drehen uns um, schließen uns nach allen Seiten ab und sagen uns: «Das Leben ist doch eine schöne Sache» ... (J. S. II, 302)

Eines Tages ging Proust mit Reynaldo Hahn – der uns den Vorgang berichtet hat – spazieren; als sie an einer Roseneinfassung vorbeikamen, blieb er plötzlich stehen und sagte zu seinem Freund: «Würden Sie es

Louisa de Mornand

übelnehmen, wenn ich etwas zurückbliebe? Ich möchte die Rosenbäumchen noch einmal ansehen ...» Reynaldo Hahn überließ ihn seiner Betrachtung, machte selbst einen langen Rundgang und fand Proust darauf noch immer in der gleichen Haltung vor. «Er stand mit gesenktem Kopf und ernstem Ausdruck da, er zwinkerte mit den Augen, während er – wie im Bestreben leidenschaftlicher Aufmerksamkeit – die Brauen leicht runzelte, und schob mit der linken Hand eigensinnig immer wieder das Ende seines kleinen Schnurrbarts zwischen die Lippen und biß darauf herum. Ich merkte, daß er mich kommen hörte, daß er mich sah, daß er aber weder sprechen noch sich rühren wollte. So ging ich denn vorbei, ohne ein Wort zu sagen. Eine Minute verging, dann hörte ich, wie Marcel mich rief. Ich drehte mich um, er kam mir eilig entgegen. Als wir uns trafen, fragte er, «ob ich nicht böse wäre». Ich beruhigte ihn, lachend,

Louisa de Mornand und ihre Tochter

und wir nahmen unser unterbrochenes Gespräch wieder auf. Ich stellte ihm keine Fragen über die Rosenepisode; ich machte keine Bemerkung und keinen Scherz darüber; ich ahnte, daß ich es nicht dürfe ...»

Dem entspricht jene Seite aus *Im Schatten junger Mädchenblüte*, auf der Andrée *in bezaubernder Weise verständnisvoll* den Erzähler einen Weißdornbusch befragen läßt (II, 720). Diese Art von Aufmerksamkeit beschreibt Proust selbst noch einmal in *Die Entflohene* da, wo er uns einen Helden zeigt, wie dieser gleichsam angewurzelt vorübergehenden Frauen mit Blicken nachschaut, *die in ihrer unablenkbaren Starrheit, als suchten sie zäh einem Problem auf den Grund zu kommen, ein Bewußtsein davon zu haben scheinen, daß man über das, was man nur sieht, hinausgelangen muß* (VI, 230). Weil Proust in dieser Weise, solange er noch ausgehen konnte, die Blüten – und ebenso die jungen Mädchen in ihrer

Blüte – betrachtet hatte, konnte er, als er durch seine Krankheit von der äußeren Welt abgeschnitten war, sie in sich wiederfinden. Er brauchte sie von da an nur in aller Muße in der Dunkelkammer seines Gedächtnisses sich vorzuführen und sie dann zu beschreiben. Wenn ihm eine Einzelheit fehlte, wagte er einen Ausgang zu unternehmen und ließ dann durch die hermetisch geschlossenen Scheiben eines Wagenfensters hindurch seine Blicke auf irgend etwas ruhen; häufiger noch wendete er sich an diesen oder jenen seiner Freunde, je nach dessen Spezialität: an Jean-Louis Vaudoyer, wenn es sich um Malerei handelte, an Reynaldo Hahn in Fragen der Musik, an Madame Straus oder Madame Catusse, wenn es ihm um Moden von einst oder heute zu tun war. Fast immer aber trug er während der Jahre seiner Untätigkeit alles aufgespeichert in sich herum. Fehlte ihm manchmal der Fachausdruck, um etwas genau zu bezeichnen, so war ihm doch wenigstens bis ins kleinste bewußt, was er sagen wollte. Sein Freund Robert de Billy schreibt, Proust habe über alles Fragen gestellt, was ihm aufgefallen sei, da ihm jeweils daran lag, eine Wasserkanne, einen Weinheber, eine Monstranz mit dem richtigen Ausdruck zu benennen («Lettres et Conversations», a. a. O., 78).

Desgleichen schrieb Marcel Proust an Lucien Daudet:

Ich hätte Sie sicher sogar tausendmal um ein Haar gelangweilt mit der Abfassung meines Buches, denn an uns beiden ist ja das Besondere, daß ich die einzige Person bin, die genaue Auskünfte braucht, da ich die Dinge, von denen ich spreche, ganz exakt kennen möchte, Sie aber die einzige, die alles kennt. Zweifellos hätten mir ein paar Zeilen an Sie unendlich langwierige Korrespondenzen mit Gartenspezialisten, Damenschneidern, Astronomen, Heraldikern, Apothekern etc. erspart, die mir gar nichts genützt haben – freilich vielleicht ihnen, denn ich wußte immer etwas mehr als sie ... («Autour de soixante lettres de Marcel Proust», 64)

Wenn es sein muß, überwindet er seine Müdigkeit und nimmt eine Störung seiner Gewohnheiten auf sich, dann aber muß das, was er (zum Zweck der Bereicherung seines Buches) zu bewundern bereit ist, diese Mühe auch lohnen. So schreibt er zum Beispiel an Jean-Louis Vaudoyer:

Wenn ich je Paris und mein Bett verlassen könnte, würde ich Sie bitten, mir zwei oder drei wo auch immer gelegene Dinge zu nennen – nur wahrhaft erhaben müßten sie sein. Ich würde sie anschauen gehen. (Corr. IV, 47)

Indessen schreitet seine Krankheit fort. Schon 1905 konnte er an Louisa de Mornand schreiben:

Meine liebe kleine Louisa, ich führe ein phantastisches Leben. Ich gehe überhaupt nicht mehr aus, ich verlasse gegen elf Uhr abends das Bett, wenn ich überhaupt aufstehe; was mich darüber tröstet, daß Sie nicht in Paris sind, ist, daß, wenn Sie hier wären, ich Sie doch niemals sehen könnte, immer von einem unvorhergesehenen Anfall bedroht, wage ich keine Verabredung mehr zu treffen. Wirklich, ein reizendes Leben. (Corr. V, 161)

Wenn er seine Freunde sehen wollte und konnte, mußte er sie spät am Abend kommen lassen – so spät, daß sie sehr häufig nicht mehr verfügbar waren. An die gleiche Louisa de Mornand schreibt er an anderer Stelle:

Für eine andere Frage noch muß sich endlich eine Lösung finden: «Soll ich bis zu meinem Ende immer weiter ein Leben führen, wie nicht einmal ernsthaft Kranke es tun, von allem beraubt, vom Tageslicht, von der Luft, von jeglicher Arbeit, jedem Vergnügen, mit einem Worte vom ganzen Leben getrennt, oder werde ich ein Mittel finden, das alles einmal zu ändern?» Ich darf die Antwort nicht länger aufschieben, denn nicht nur meine Jugend, mein Leben geht dahin ... (Ebd., 165)

Entgegen dem, was er sagt, hat er sich endlich doch an die Arbeit gemacht. Über die Schwere seines Leidens aber, das seine Freunde auch weiterhin nicht ernst nehmen, macht er sich von nun an keine Illusionen mehr. 1908 schreibt er an Georges de Lauris:

Ich esse jetzt nicht einmal alle vierundzwanzig Stunden mehr, sondern (nicht regelmäßig aber häufig), so wie ich erst mit vierundzwanzig Stunden angefangen habe, nur noch alle achtundvierzig Stunden, und dabei jedesmal nur die Hälfte von dem, was ich vorher zu mir nahm. Seitdem ich aus Cabourg zurück bin, habe ich dreimal das Bett – ich speise um Mitternacht – für eine Stunde verlassen, und dabei will ich auch noch irgend etwas zu schreiben anfangen. Aber ich habe Kopfweh, daß ich daran zweifle. Dennoch hatte ich um drei Uhr nachts das Bedürfnis auszugehen, damit jemand mein Zimmer aufräumte, das jeder Beschreibung spottet. Aber diese Nebel jetzt haben es unmöglich gemacht ... (Ebd., 155–156)

Offenbar nahm man ihn nicht ernst. Er selbst ist sich darüber klar, wenn er in den folgenden Wendungen an Marie Nordlinger schreibt:

Die Worte «Ich war so krank», «Ich bin noch immer leidend» sind von mir so oft ausgesprochen worden und drücken nur noch einen beinahe gewohnten Zustand aus, der zwar quälend ist, ohne jedoch eine gelegentliche briefliche Beziehung zu anderen auszuschließen; ich hege daher starke Befürchtungen, daß sie farblos und ohne jede Kraft der Entschuldigung und Absolution an Ihre allzusehr daran gewöhnten (ich will nicht sagen: ungläubigen) Ohren dringen. Und dennoch ist es so; ich war furchtbar krank, fast ständig ans Bett gefesselt und ohne Kraft, mit meinen Freunden andere als immaterielle Beziehungen der Freundschaft und des Gedenkens zu unterhalten ... (*Lettres à une amie*, 81)

Neigung, Trägheit und Besessenheit zu schreiben

Für das Kind und den Jüngling Marcel Proust ist die Literatur die vollendetste Form des Lebens – die einzige in Wahrheit, die diesem Wert und Sinn verleiht. Es begann mit der Liebe zur Lektüre, die ihn als literarisches Thema immer wieder im Leben beschäftigen sollte; in allen seinen Büchern stößt man darauf. Seine Berufung zum Schriftsteller bricht bereits sehr früh auf, wie es in *Swanns Welt* der berühmte Passus über die Türme von Martinville beweist, den man weiter unten zitiert finden wird; hier möchten wir nur die folgende analoge Stelle anführen: *Das Ziegeldach erschien in dem ... Teich als rosiges Geäder, auf das ich noch niemals achtgegeben hatte. Und als ich im Wasser und auf der Fläche der Mauer ein schwaches Lächeln dem Lächeln des Himmels Antwort geben sah, machte ich meiner Begeisterung, den geschlossenen Regenschirm schwingend, in lautem Jauchzen Luft. Gleichzeitig aber hatte ich das Gefühl, es sei eigentlich meine Pflicht, nicht bei solch unklaren Lauten stehenzubleiben, sondern zu versuchen, meinem Entzücken klaren Ausdruck zu geben ...* (I, 232) Wir haben hier das Beispiel einer Sehnsucht nach Erfassung und Gestaltung, die das Charakteristikum des Künstlers, vor allem aber des Schriftstellers ist, der ja Proust eines Tages werden sollte. Schon zu dem Zeitpunkt, auf den er diese Szene verlegt, leidet er unklar darunter, daß er es noch nicht ist.

Damals, als er in etwas weniger summarischer Weise zum Ausdruck zu bringen versuchte, was er beim Anblick der Türme von Martinville empfand,wußte der Erzähler schon, daß es keine Literatur gibt ohne ein mühseliges Urbarmachen von Regionen, die bislang noch nicht erforscht worden sind. Im Hinblick auf Bergotte, den er sehr bewundert hat und nunmehr weniger bewundert, präzisiert er seinen Gedanken, indem er zugleich von der Literatur auf die Kunst im allgemeinen schließt:

Bergottes Besuche erfolgten für mich ein paar Jahre zu spät, denn ich bewunderte ihn nicht mehr ganz so sehr, was nicht im Widerspruch zu dem Zunehmen seines Ansehens zu stehen braucht. Ein Werk ist selten schon ganz verstanden und allgemein durchgesetzt, ohne daß das eines anderen, einstweilen noch unbekannten Schriftstellers bereits begonnen hat, bei einigen besonders empfänglichen Geistern einen neuen Kult an die Stelle dessen zu setzen, dessen Herrschaft erst beinahe fest begründet ist. In den Büchern Bergottes, den ich auch jetzt noch wieder und wieder las, standen mir die Sätze so klar vor Augen wie meine eigenen Ideen, die Möbel in meinem Zimmer, die Wagen auf der Straße. Alle Dinge darin waren leicht zu sehen, wenn auch nicht gerade so, wie man sie immer gesehen hatte, wohl aber so, wie man sie jetzt zu sehen gewohnt war. Nun aber hatte ein neuer Schriftsteller Werke zu veröffentlichen begonnen, in denen die Dinge auf ganz andere Weise zueinander in Beziehung gesetzt waren als in mir selbst, so daß ich fast nichts von dem verstand, was er schrieb. Es gab eine Zeit, in der man die Dinge gut erkannte, wenn Fromentin sie malte, aber nicht mehr, sobald Renoirs Hand sie schuf.

Leute von Geschmack sagen uns heute, Renoir sei ein großer Maler des vorigen Jahrhunderts. Aber wenn sie das sagen, vergessen sie die Zeit, nämlich wieviel davon sogar noch im gegenwärtigen vergehen sollte, bis Renoir als Künstler gewürdigt worden ist. Um zu solcher Anerkennung zu gelangen, muß ein originaler Maler, ein originaler Künstler vorgehen wie etwa ein Augenarzt. Die Behandlung durch ihre Malerei, ihre Prosa ist nicht immer angenehm. Wenn sie beendet ist, sagt der, der sie ausgeführt hat, zu uns: Jetzt sehen Sie einmal! Und nun kommt uns die Welt (die nicht einmal erschaffen wurde, sondern so oft, wie ein Künstler von persönlicher Eigenart aufgetreten ist) ganz anders vor als die frühere, jedoch überzeugend klar. Frauen gehen die Straße entlang, die völlig anders aussehen als die von ehedem, weil sie Renoirs sind, eben jene Renoirs, in denen wir früher überhaupt keine Frauen zu erkennen meinten. Auch die Wagen sind Renoirs, das Wasser und der Himmel; wir haben Lust, in dem Walde spazierenzugehen, der uns am ersten Tage wie alles andere als ein Wald vorkam, eher zum Beispiel wie eine Stickerei mit vielen Farbtönen, in denen aber gerade diejenigen fehlten, die einen Wald ausmachten. Das ist die neue vergängliche Welt, die jetzt erschaffen wurde. Sie wird bis zur nächsten erdgeschichtlichen Katastrophe dauern, die durch einen neuen Maler oder einen neuen Schriftsteller von originaler Prägung heraufgeführt werden wird.

Ich dachte daran, daß vor nicht gar so vielen Jahren eine gleiche Erneuerung der Welt, wie ich sie jetzt von seinem Nachfolger erwartete, mir von Bergotte zuteil geworden war. Schließlich fragte ich mich sogar, ob die Unterscheidung eigentlich auf Wahrheit beruht, die wir immer zwischen der Kunst, die seit den Zeiten Homers nicht vorangekommen sein soll, und der Wissenschaft mit ihren unaufhörlichen Fortschritten machen. Vielleicht glich vielmehr im Gegenteil die Kunst darin der Wissenschaft; jeder neue und neuartige Schriftsteller schien mir einen Fortschritt über den hinaus zu bedeuten, der ihm vorangegangen war; wer sagte mir, daß in zwanzig Jahren, wenn ich mühelos dem heute neuen würde folgen können, nicht ein anderer auftauchen werde, vor dem der gegenwärtige dann zu Bergotte in den Hintergrund träte? (III, 477–480)

Das führt in unserem Gedächtnis folgende weitere Stelle herauf:

Da die Menge von dem Charme, der Anmut, den Formen der Natur nur kennt, was sie den Clichés einer langsam verdauten Kunst verdankt, und jeder originale Künstler zuerst einmal diese Clichés verwirft, fanden Monsieur und Madame Cottard als echte Vertreter des Publikums an der Sonate von Vinteuil oder den Porträts Elstirs nichts von dem, was für sie den Wohlklang der Musik oder die Schönheit der Malerei ausmachte. Wenn der Pianist die Sonate spielte, so schien es ihnen, als brächte er auf dem Klavier nur willkürliche Töne hervor, die nicht eine Abfolge der Bewegungen darstellten, an die ihr Ohr gewöhnt war, und als setzte der Maler seine Farben auf die Leinwand nur, wie es gerade kam. Wenn sie auf

seinen Bildern eine Figur erkannten, so fanden sie sie klobig und gewöhnlich (das heißt, sie vermißten daran die Eleganz jener Schule der Malerei, mit deren Augen sie sogar auf der Straße die Menschen betrachteten) und nicht der Wahrheit entsprechend, als wisse Elstir nicht, wie eine Schulter gebaut und daß das Haar der Frauen nicht mauvefarben ist. (I, 317–318)

Oder auch an die schöne Betrachtung Swanns beim Anhören der Sonate von Vinteuil:

Eine ebenso geniale Kühnheit vielleicht wie die eines Lavoisier, eines Ampère! Auch Vinteuil experimentiert und entdeckt die geheimen Gesetze einer noch unbekannten Kraft, durch unerforschte Gebiete lenkt er dem einzig möglichen Ziel das unsichtbare Gespann entgegen, das er selber niemals erkennen wird! (I, 517)

Dieser Berufung zum Schriftsteller stand lange Zeit eine Trägheit entgegen, auf die Marcel Proust über die ganze Länge seines Werkes hin unaufhörlich anspielt. Denn dieser Mann, der von einem so heroischen Willen Zeugnis ablegen sollte, war in seinen Anfängen krankhaft willensschwach.

Ich wage Ihnen kaum zu schreiben (gesteht er Robert de Billy ein), *ich bin dessen nicht würdig. Ich bringe nichts zustande, glücklicherweise aber liefert Paul de Baignières dadurch, daß ich ihm für ein Porträt sitzen muß, mir einen Vorwand für meine Untätigkeit. Sonst hätten die Gewissensbisse wegen meiner Energielosigkeit mich schon aufgezehrt ...* («Lettres et Conversations», 103)

... Jean *erzählte, daß seine schon immer zarte Gesundheit besonders durch die Ermüdung während des Jahres in der Oberprima erschüttert worden sei und daß er jetzt Jura studiere, was ihn langweilig ankomme; ferner auch, er tue – da es ihm an Willen fehle und er zum Arbeiten zu faul sei, wenn nicht ein lebhaftes Interesse ihn dazu anreize – nichts weiter mehr, als in Gesellschaft zu gehen und zu verdummen, aber dann wieder, er fühle sich viel besser, treibe Sport und kräftige sich.* (J. S. III, 12)

Daß in mir eine alte Geneigtheit zu arbeiten, die verlorene Zeit aufzuholen, ein anderes, überhaupt erst das richtige Leben anzufangen, auch weiterhin bestand, schenkte mir die Illusion, ich sei noch immer genauso jung ... (VI, 279)

Da meine Trägheit mir die Gewohnheit mitgeteilt hatte, meine Arbeit immer von einem Tag auf den folgenden zu verschieben, stellte ich mir zweifellos vor, es könne mit dem Tode ebenso sein. (VII, 181)

Außer dieser Trägheit aber – und noch hinderlicher als sie – existierte bei dem jungen Marcel Proust, verbunden mit einem Hochmut, von dem Jean Santeuil ohne falsche Becheidenheit Zeugnis ablegt, die Gewißheit eines Ungenügens (ja sogar Unvermögens), das ihn für alle Zeiten davon abhalten würde, ein Schriftsteller in dem Sinne zu werden, den er selbst diesem Worte gab. Bemerkungen wie die folgenden finden sich häufig in der *Suche nach der verlorenen Zeit*:

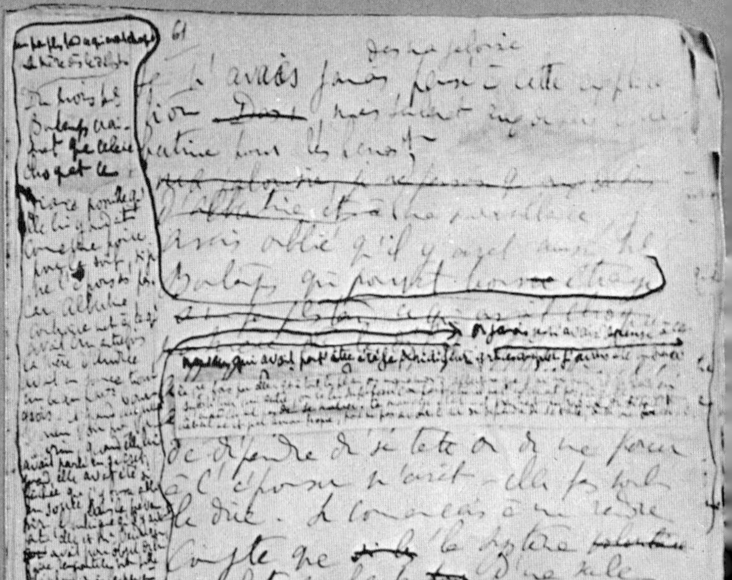

Seite aus dem rechts abgebildeten «Cahier XX»

Cahier
(Vingt)
et dernier

Nach ein paar einleitenden Seiten legte ich die Feder unmutig wieder aus der Hand und weinte vor Wut bei dem Gedanken, ich würde nie Talent haben, sei eben nicht begabt. (II, 22)

Zu Boden geschmettert durch die Bemerkung Monsieur de Norpois' über das Prosastück, das ich ihm vorgelegt hatte, und anderseits im Gedanken an die Schwierigkeiten, die ich zu überwinden hatte, wenn ich einen Essay schreiben oder mich auch nur ernsthaften Überlegungen hingeben wollte, wurde ich mir von neuem meiner vollkommenen geistigen Nichtigkeit sowie der Tatsache bewußt, daß ich für die Literatur nicht geboren sei. Zweifellos hatten mich früher gewisse bescheidene Eigeneindrücke oder die Lektüre von Bergotte in einen Zustand von Träumerei versetzt, der mir fruchtbar schien. Aber diesen Zustand spiegelte mein Prosagedicht ja wider: es bestand für mich kein Zweifel, daß Monsieur de Norpois auf der Stelle mit klarem Blick durchschaut hatte, was mir einzig durch ein trügerisches Gaukelspiel schön erschien, dem der Botschafter eben nicht unterlag. Er hatte mir im Gegenteil soeben zu verstehen gegeben, welchen ganz untergeordneten Platz ich einnahm (wenn ich von außen her, objektiv, von einem denkbar günstigen voreingenommenen und höchst intelligenten Kenner beurteilt wurde). Ich fühlte mich bestürzt und ernüchtert, und wie eine Flüssigkeit, die sich nur innerhalb der Maße des Gefäßes ausdehnen kann, in die man sie hineingibt, zog sich mein Geist, nachdem er sich zuvor gestreckt hatte, um die ungemessenen Weiten des Genius auszufüllen, ganz und gar in die engen Schranken der Mittelmäßigkeit zurück, die Monsieur de Norpois ihm zugewiesen hatte. (II, 73)

Im Anfang handelt es sich darum, daß durch eine die Dinge verklärende Literatur das Leben an Reiz verliert. In einer Anmerkung zu *Sesame and Lilies* gesteht er: *Meine Bewunderung für Ruskin gab den Dingen, die ich dank ihm liebte, eine so große Wichtigkeit, daß sie für mich einen größeren Wert als das Leben selbst in sich zu tragen schienen.* Die verklärende, aber auch trügerische Literatur! Als Marcel Proust zu schreiben beginnt, mißtraut er den Sätzen, die er vom Standpunkt der Literatur aus gut zu finden versucht wäre ...

In Wirklichkeit liebte ich einzig diese Art des Ausdrucks und des Denkens. Mein ruheloses und unbefriedigtes Bemühen noch war ein Beweis der Liebe, einer Liebe, die ohne Lust war, mir aber um so tiefer ging. Wenn ich nun auf einmal solche Sätze im Werke eines anderen fand, das heißt, ohne länger Bedenken und Strenge walten lassen und mich quälen zu müssen, gab ich mich daher mit Entzücken meiner Neigung für sie hin, so wie ein Koch, der einmal nicht selber kochen muß, endlich Zeit findet, Schlemmer zu sein. Als ich eines Tages bei Bergotte einen scherzhaften Satz über eine alte Dienerin angetroffen hatte, den der feierlich pompöse Ton des Schriftstellers noch witziger in der Wirkung machte, der aber ganz der gleiche war, den ich oft meiner Großmutter gegenüber mit Bezug

Das Flüßchen Loir bei Illiers (In seinem Roman nannte Proust den Fluß «Vivonne»

auf Françoise ausgesprochen hatte, oder ein andermal, als ich feststellte, daß er es nicht für unter seiner Würde hielt, in einen dieser Spiegel der Wahrheit, die seine Bücher für mich waren, eine Bemerkung aufzunehmen, wie ich sie gelegentlich über unsern Freund Monsieur Legrandin gemacht hatte (Bemerkungen über Françoise und Legrandin hätte ich am allerersten Bergotte gegenüber völlig fallenlassen in der Idee, daß er sie ganz ohne Interesse finden müsse), kam es mir auf einmal so vor, als seien mein bescheidenes Dasein und die Bereiche des Wahren nicht ganz so weit voneinander entfernt, wie ich geglaubt hatte, ja, als ob sie sich sogar an gewissen Punkten berührten, und in einer Wallung von Zuversicht und Freude weinte ich über den Seiten meines Lieblingsschriftstellers wie in den Armen eines wiedergefundenen Vaters. (I, 146–147)

Demnach macht Marcel Proust als junger Mann, nachdem er der Literatur alle Macht zuerkannt hat, die Prüfung der Entzauberung durch. Die Lektüre einer «unveröffentlichten» Stelle aus den Tagebüchern der Goncourt (ein meisterhaftes Pasticcio Prousts, auf das wir schon Bezug genommen haben) enttäuscht ihn, insofern hier Männer und Frauen als bewunderungswürdig hingestellt werden – und tatsächlich auch als bewunderungswürdig erscheinen –, die auch er gekannt hat, ohne ihnen jedoch besondere Aufmerksamkeit zu schenken.

Als ich, bevor ich meine Kerze löschte, den Abschnitt las, den ich etwas weiter unten in Abschrift wiedergebe, schien mir meine fehlende Disposition für den Schriftstellerberuf – die ich einst schon auf dem Wege nach Guermantes geahnt und bei meinem Aufenthalt hier, dessen letzten Abend ich jetzt verbrachte, bestätigt gefunden hatte – diesen Abend, der allen Abenden vor der Abreise glich, an denen man immer, da man sich aus der Starre nunmehr endender Gewohnheiten löst, sich selber klar zu beurteilen versucht – weniger bedauernswert, ganz als ob die Literatur keine tiefe Wahrheit enthülle; zugleich aber kam es mir traurig vor, daß die Literatur nicht das war, wofür ich sie gehalten hatte. (VII, 36/37)

... Ich schloß denn also das Tagebuch der Goncourt. Welch großes Vorrecht genießt doch die Literatur! Ich hätte Cottards wiedersehen, sie nach Einzelheiten über Elstir fragen, das Lädchen «Au Petit Dunkerque» anschauen mögen, falls es noch existierte, und gern um die Erlaubnis nachgesucht, das Stadthaus der Verdurins zu besichtigen, in dem ich einst zu Abend gegessen hatte. Doch eine unbestimmte Unruhe hielt mich weiter gefangen. Gewiß, ich hatte mir niemals verhehlt, daß ich nicht zuzuhören und, sobald ich nicht allein war, auch nicht zu sehen verstand ... Gleichwohl hatte ich jene Menschen im täglichen Leben gekannt, ich hatte häufig mit ihnen gespeist, es waren die Verdurins, der Herzog von Guermantes, und es waren Cottards; jeder von ihnen war mir gewöhnlich vorgekommen wie meiner Großmutter jener Basin, von dem sie nicht ahnte, daß er der geliebte Neffe, der wunderbare junge Held der Madame de Beausergent war, alle hatte ich für belanglos gehalten: ich erinnerte

mich der zahllosen Vulgaritäten, aus denen jeder einzelne von ihnen zusammengesetzt war ... «Und daß all das ein Stern wird in der Nacht!!!» (VII, 50)

... Diese Ideen, von denen die einen die Tendenz hatten, mein Bedauern darüber zu vermindern, daß ich keine Begabung für die Literatur besaß, während die anderen eher darin eine Verstärkung bewirkten, traten mir während langer Jahre, in denen ich im übrigen auf die Absicht zu schreiben verzichtet hatte und die ich fern von Paris in einem Sanatorium verbrachte ... nicht mehr vor das geistige Auge. (VII, 59)

Wenn eine solche Abwendung von der Literatur für einen Paul Valéry wirksam wurde, der lange Jahre hindurch tatsächlich nicht mehr daran dachte, einen Vers zu schaffen, so entspricht er doch im gegenwärtigen Fall einer Wirklichkeit einzig im Bereich des Romans. In jenen Jahren, bis zu denen der Erzähler an der soeben zitierten Stelle des Textes gelangt ist, begnügt sich Marcel Proust schon längst nicht mehr mit dem bloßen Wunsch zu schreiben: er hat die ersten Bände der *Suche nach der verlorenen Zeit* bereits fertiggestellt und wahrscheinlich auch schon einen Teil des letzten Bandes, *Die wiedergefundene Zeit*, redigiert – stand doch der Gesamtplan des Werkes seit langem in ihm fest. Gerade in dem Band *Die wiedergefundene Zeit* wird er uns das Ergebnis jahrelanger Meditation über die Notwendigkeit und Schwierigkeit des Schreibens enthüllen. Gleich hier aber soll die wichtige Stelle folgen, in der, wie wir sehen werden, der Erzähler gerade zu dem gleichen Augenblick, in dem er daran verzweifelte, eines Tages ein Schriftsteller zu sein, in sich eine brachliegende Fähigkeit des Beobachtens entdeckte, die er noch nicht hat fruchtbar machen können, deren Wirksamkeit er aber gleichwohl errät:

Ich beschloß, einstweilen die Einwände gegen die Literatur beiseite zu lassen, die diese am Vorabend meiner Abreise von Tansonville gelesenen Seiten der Goncourt in mir hatten aufkommen lassen. Selbst wenn ich von dem hervorstechenden Merkmal jener Naivität absah, die für diese Verfasser von Denkwürdigkeiten so kennzeichnend ist, konnte ich auch sonst unter verschiedenen Gesichtspunkten ganz beruhigt sein. Zunächst war, soweit es mich selbst betraf, meine Unfähigkeit zu sehen und zu hören, die das genannte Tagebuch mir so deutlich spürbar gemacht hatte, doch nicht umfassend und allgemein. Es gab in mir eine Person, die mehr oder weniger gut zu sehen wußte, aber freilich war dies eine nur von Zeit zu Zeit auftauchende Person, die immer erst wieder zum Leben erwachte, wenn irgendein allgemeiner, mehreren Dingen gemeinsamer Wesenszug sich manifestierte und ihr Nahrung und Freude bot. Dann sah und hörte diese Person, doch immer nur in einer gewissen Tiefe, so daß die Beobachtung freilich daraus keinen Nutzen zog. Wie ein Geometer, der die Dinge so vollkommen von jedem Gefühlsmoment entblößt, daß er nur ihren linearen Aufriß sieht, ließ ich mir entgehen, was die Leute sagten, denn was mich interessierte, war nicht, was sie sagen wollten, sondern die Art, auf die sie es äußerten, insofern sie eine Enthüllung ihres Charakters oder ihrer Lächerlichkeiten bedeutete, mehr aber noch ein Objekt, das mir ein einzigartiges Vergnügen verschaffte und deshalb stets in ganz spezieller Weise das Ziel meines Forschens gewesen war, nämlich das gemeinsame Element zwischen einem Wesen und einem anderen. Nur wenn ich dieses ins Auge faßte, begab sich mein – bis dahin sogar hinter meiner scheinbar angeregten Konversation, deren Animiertheit eine völlige geistige Erstarrung vor den anderen verbarg – schlummernder Geist ganz plötzlich fröhlich auf die Jagd, doch was er dann verfolgte, zum Beispiel die Identität des Verdurinschen Salons an verschiedenen Stätten und zu verschiedenen Zeiten, befand sich in halber Tiefe, jenseits der Erscheinung selbst, auf einer abseitiger gelegenen Ebene. Daher entging mir denn auch der offen zutage tretende, kopierbare Reiz der Wesen, weil ich so wenig nur die Fähigkeit besaß, mich bei ihm aufzuhalten, wie ein Chirurg sie hat, der unter der weichen Glätte eines Frauenleibes das Leiden erkennt, das an ihm nagt. Wenn ich außer dem Hause zu Abend aß, sah ich nicht die Tischgenossen, weil ich sie vielmehr, wenn ich sie zu betrachten meinte, im Grunde durchleuchtete. Daraus folgte bei einer Zusammenstellung alles dessen, was ich möglicherweise während des Diners an den Gästen bemerkt hatte, daß das von mir gezeichnete Liniensystem eine Gesamtheit von psychologischen Gesetzen ergab, in der die Absicht, die der Gast seinen eigenen Reden zugrunde gelegt hatte, gar keinen Platz mehr fand. Aber nahm das meinen Porträts, die ich ja doch gar nicht einmal als solche ausgab, nun wohl jeden Wert? (VII, 51–52)

Die literarische Auswertung, die Proust seiner Erfahrung in der Gesellschaft angedeihen läßt, wird uns gestatten, in seinem Werk den Übergang von «nicht als solche ausgegebenen», vielmehr ziemlich ungenügend transponierten Porträts zu solchen festzustellen, die aus der totalen Nachschöpfung der «verlorenen» und «wiedergefundenen» Zeit sich ergeben. Im Anfang ist der Erzähler ganz einfach nur der Chronist der verlorenen Zeit, so wenn er zum Beispiel zusammen mit seiner Mutter aus Anlaß der unerwarteten Verheiratung Saint-Loups mit Gilberte Swann die Vergangenheit wiedererstehen läßt und den Vorgang wie folgt kommentiert:

So spielte sich in unserem Eßzimmer, unter dem Licht der Lampe, das dafür so günstig ist, eine jener Unterhaltungen ab, in denen die Weisheit zwar nicht der Nationen, wohl aber der Familien irgendein Ereignis – ob es sich nun um einen Todesfall, eine Verlobung, eine Erbschaft, einen wirtschaftlichen Zusammenbruch handelt – vornimmt und unter das Vergrößerungsglas des Gedächtnisses rückt, ihm sein volles Relief verleiht, einen nur oberflächlichen Aspekt davon ablöst oder zurücktreten läßt und perspektivisch unter verschiedenen Blickpunkten des Raumes und der Zeit, solchen Dingen, die für diejenigen, die sie nicht miterlebt haben, auf

Das Schloß von Réveillon

ein und derselben Ebene nebeneinandergerückt erscheinen – die Namen der Verstorbenen, ihre im Laufe der Jahre wechselnden Adressen, die Herkunft ihrer Vermögen und die diese betreffenden Wechselfälle, Veränderungen im Grundbesitz – den richtigen Platz zuweist. (VI, 404–405)

Aus dieser perspektivischen Sicht – nicht mehr im häuslichen Gespräch, sondern in einem Buch – wird der Roman der verlorenen Zeit entstehen. Dieses Buch aber, in dem Proust die Freuden der vergangenen Jahre wiederfindet, tritt damit für seinen Verfasser an die Stelle der Freuden einer Gegenwart, die richtig zu erleben ihm die Krankheit untersagte. Über *Swann* schreibt er an Madame Émile Straus:

Ich kann mir nur schwer vorstellen, daß dieses Buch Ihnen ganz fremd sein könnte. Ich darf nicht sagen wie Joubert: «Wer sich in seinen Schatten begibt, wird weiser», aber doch, daß der Betreffende vielleicht glücklicher wird, insofern es ein Brevier der Freuden darstellt, die auch jene noch kennenlernen können, denen viele menschliche Freuden nicht mehr zugänglich sind. Ich habe keineswegs erstrebt, daß es so etwas würde. Aber es ist es nun einmal geworden bis zu einem gewissen Grad … (Corr. VI, 144)

Je tiefer wir in die Kenntnis Prousts eindringen, desto klarer wird uns – entgegen dem, was uns immer gesagt worden ist –, daß die Freude eines der «Leitmotive» dieses Schmerzensmannes ist. An sie denkt er ohne Auflehnung noch in seiner Sterbestunde, und ein Erinnern der Freude, dem noch etwas von dieser selbst anhaftet, trägt in sein Unglück ein wenig Glück – ein Glück, dem wir immer häufiger im Laufe unserer Analyse begegnen werden, ein Glück, das Marcel Proust der Literatur verdankt, besonders seiner Literatur. Einige Wochen vor seinem Tode schreibt er an Gaston Gallimard:

Andere als ich – und ich freue mich darüber – können das Universum genießen. Mir selbst ist Bewegung, Rede, Denken, sogar das schlichte Wohlgefühl der Schmerzlosigkeit versagt. So gleichsam aus mir selber verbannt, flüchte ich mich in die Bände [*der Verlorenen Zeit*], *die ich betaste, da ich sie nicht mehr lesen kann, und lasse ihnen die Voraussicht der Schlupfwespe angedeihen, über die Fabre die von Metschnikow zitierten wundervollen Seiten geschrieben hat, die Sie sicherlich kennen. In mich selbst zurückgezogen und aller Dinge beraubt, beschäftige ich mich nur noch damit, ihnen in der Welt der Geister die Weite des Daseins zu sichern, die mir selbst versagt geblieben ist …* (Lettres à la N. R. F., 269)

So tastet dieser fast Erblindete und bereits Todesnahe in Ermangelung der Eindrücke einer für ihn unzugänglich gewordenen Welt dieses selbstgeschaffene Universum ab, das ihm wahrer erscheint als das andere.

Die Weltleute und der Snobismus

Der Herzog und die Herzogin von Réveillon, die uns in *Jean Santeuil** begegnen, sind amüsant beschrieben. So vergnüglich sie aber auch dargestellt werden, bleibt der Humor dieser Skizze doch oberflächlich und erreicht noch nicht die satirische Kraft der *Suche nach der verlorenen Zeit*. Wir können uns vorstellen, daß der Verfasser von *Jean Santeuil* keinerlei Schwierigkeiten hat, den «Figaro» seiner Epoche oder den «Gaulois» zu parodieren, denn aus eigenem Antrieb spricht er die Sprache dieser Zeitungen. Noch tut sich keine Kluft zwischen dem Zeichner und seinen Modellen auf. Die Ansicht der Welt, die er gibt, neigt dazu, ein Gemälde der «Welt» im engeren Sinne zu sein; die Satire über den Snobismus, wie wir sie in *Tage der Freuden* finden, ist noch selbst das Werk eines Snobs. So täuschte sich denn auch alle Welt über den wahren Rang des brillanten jungen Verfassers. Höchstens noch mochte man in ihm (wofern er sich entschlossen hätte, seriöser und anhaltender zu schreiben) einen kleineren Bourget sehen, einen Literaten von der Art, über die er selbst sich später lustig machen wird:

– Schau, da sind Sie ja einmal wieder, man hat Sie ja seit Ewigkeiten nicht gesehen, sagte der General zu Swann, während Monsieur de Bréauté einem Gesellschaftsschriftsteller, der soeben als einziges Instrument der psychologischen Durchdringung und der unerbittlichen Analyse ebenfalls ein Einglas in den Augenwinkel geschoben hatte, die Frage zuwarf:

– Und Sie, mein Lieber, was tun Sie denn hier?, worauf der andere mit rollendem R und geheimnisvoll wichtiger Miene die Antwort erteilte:

– Ich brauche das, um kritisch zu beobachten. (I, 482)

Dem Verfasser von *Jean Santeuil* (und vielleicht auch dem von *Tage der Freuden*) war im übrigen sein eigener Snobismus sehr wohl bekannt, sowie dessen möglicherweise traurige Konsequenzen, doch auch eventuelle Nützlichkeit:

Man muß beobachten, daß literarisch tätige Menschen, die häufig Söhne armer Eltern sind, im übrigen aber die Gesellschaft durch das Medium ihrer verschönernden Phantasie betrachten, eben dieser Gesellschaft oft ein Opfer bringen, das für sie größer als für andere ist, da es zu allem

* Vor allem in dem Porträt auf den Seiten 235 f des 2. Bandes

noch hinzutritt, worauf sie sonst schon verzichten ...: die Liebe zur Einsamkeit, die Würde ihres Lebens, die Gediegenheit ihres Ruhms. Aber sehr selten sind solche Schriftsteller in derart naiver Weise Snobs und so vorsätzlich ehrgeizig, wie die «Welt» es glaubt und der Roman sie schildert und wie sich zum Beispiel – in einem unsterblichen Werk – der Dichter Lucien de Rubempré erweist. Nein, der moderne Rubempré – man muß das einmal sagen – der Rubempré aller Zeiten sagt sich nicht: «Ich will arrivieren, ich will in der Gesellschaft ebenso gesucht, ebenso gefürchtet, ebenso reich sein wie Maxime de Trailles, wie Eugène de Rastignac.» Er sagt sich vielmehr: «Ich will alles erfüllt haben, ich will meinen Geist, der durstig geworden ist nach der Ermüdung der reinen Spekulation, unmittelbar an den Quellen des Lebens tränken. Um eines Tages das Leben schildern zu können, will ich es zuvor leben» (ein Gedankengang, durch den er sich gleichwohl nicht angetrieben fühlt, auch Elend und Mittelmäßigkeit kennenzulernen, die mit gleichem Anspruch wie das Wohlleben Formen unseres Daseins sind). Er sagt sich: «Diese Gesellschaft wird für mich das Thema einer Schilderung sein, die nicht ähnlich ausfallen kann, wenn ich sie ohne Modell schaffen will. Diese so ganz besonderen Formen des Lebens ... wie interessant sind sie doch für einen Psychologen, besonders auch die giftigste, die aber auch auf diesem verfaulten Boden am üppigsten gedeiht: der Snobismus.» Sei es nun, daß er dank seinem Scharfblick sich darin gefällt, sich für die Schmach, von dem Übel selbst schon befallen zu sein, an anderen grausam zu rächen, oder sei es, daß er durch sein Reden darüber – sogar in der Absicht, es zu verdammen – es immer noch in sich hegt und pflegt: jedenfalls wird der Romanschriftsteller, der zugleich ein Snob ist, zum Romancier des Snobismus werden. Auf Grund der Macht, die verdorbene Wesen über empfängliche gewinnen, und des Vorrangs, den unmittelbare und leicht zu erlangende Vergnügungen bei Menschen ohne Willen erlangen, wird die «Welt» um so schneller den Dichter nach ihrem Bilde geformt haben, als sie ihn durch die Lockungen der Befriedigung seiner Eitelkeit und seines Verlangens nach Trägheit daran gewöhnt, in der Gesellschaft zu leben, und dadurch die Widerstandskräfte lähmt, die er aus den Energien des Einsiedlerdaseins hätte gewinnen können. Zu diesen Wesen übrigens, die Rubempré ganz kalt als Feinde betrachtet, die es zu besiegen, oder als Festungen, die es zu belagern gilt, wird der Schriftsteller ohne vorherige Überlegung, nicht durch den Gang seiner Berechnungen, sondern im Zuge seines Verlangens hingeführt werden; er wird sich, ohne sich selbst darüber klar zu sein, im trügerisch farbigen Zwielicht der mannigfaltigen Gründe, die wir schon erwähnten, zu Wesen hingezogen fühlen, die nicht einmal sein Snobismus ihm als mächtiger, wohl aber als bezaubernder als andere vor Augen stellt, da das Verlangen wie in der Liebe so auch im Snobismus Ursprung und nicht Wirkung der Bewunderung ist. Er wird sich nicht in Herzoginnen verlieben, weil er sie kühlen Blutes für begehrenswerter erachtet als

Marcel Proust in illustrer Gesellschaft, darunter Abel Hermant, die Prinzessin von Chimay und Madame de Noailles

andere, aber er wird sie für begehrenswerter halten, weil er instinktiv in ihren Bann geraten ist. Später dann kann er sich sagen: «Ich habe dieses Leben gewählt, um darin mein Glück zu machen, oder auch, ich habe dadurch, daß ich mich von einem Prinzen als seinesgleichen behandeln ließ, dem gedemütigten Mann der Feder den Rang verschafft, auf den er Anspruch hat.» Man darf weder an so viel Selbstlosigkeit noch soviel Zynismus glauben, sondern muß auch hier einmal wieder die Genialität aller derjenigen erkennen, die durch eine Leidenschaft dazu gebracht worden sind, sich einzureden, daß sie aus sich selbst heraus ihren Kurs auf niedrige oder noble Laufbahnen genommen haben und daß sie, anstatt sich zu deren Sklaven zu machen, Herr darüber geblieben sind. (J. S. I, 251 f)

Die Hellsichtigkeit Prousts jedoch gegenüber dem (und auch seinem) Snobismus hat sich noch nicht genügend von dessen Objekt gelöst, als daß es ihm möglich wäre, auf der Ebene des Romans wirksam zu nutzen, was ihm seine Kenntnis der «Welt» zugetragen hat. *Ich bin schon allzusehr geneigt, Monsieur, die Gesellschaft zu lieben. Ich hoffe, ihr baldigst zu entsagen*, bemerkt der junge Jean Santeuil (J. S. I, 280). Aus ihm aber spricht kein anderer als der junge Marcel Proust. Auch er liebt die Gesellschaft, schämt sich dessen aber, er will sich von ihr trennen; zu jenem Zeitpunkt aber (das heißt, als er *Jean Santeuil* verfaßt) ist er ihr im Grunde noch völlig verfallen. Nicht nur Muße, auch Abstand mangelt ihm, um den Rohstoff seiner Beobachtungen in Romanstoff zu verwandeln. Als er uns sagt (J. S. II, 235), wir *kennten jetzt bereits zur Genüge den Herzog von Réveillon*, haben wir festgestellt, daß wir ihn vielmehr trotz der Häufung von Einzelbemerkungen nur unvollkommen kennen, während wir nach zwei Seiten den Herzog von Guermantes bereits sehen, hören, ein Bild von ihm besitzen. Um den Herzog von Réveillon wirklich zu kennen, muß man das schöne Porträt im dritten Band (39) abwarten. Selbst dann aber werden wir ihn nur kennen wie eines der Modelle Saint-Simons oder einen der Charaktere von La Bruyère, nicht jedoch wie eine Romanfigur.

Wie dem aber auch sei: weil der junge Marcel Proust über die Gabe besonders scharfer Beobachtung, viel Kultur sowie Berufung und Begabung zum Schreiben verfügt, ist er besonders groß im Porträt oder in der kurzen Skizze, die ins Schwarze trifft, so zum Beispiel:

Niemals wird Antoine, wenn er sich unter den Blicken von Prinzen und Herzögen bewegt, so tun, als kenne er Journalisten nicht, mit denen er von früher her befreundet ist. Er wird vielmehr ostentativ eine Prinzessin verlassen, um ihnen die Hand zu drücken, denn er weiß, daß er sich dadurch ebensosehr in den Augen der Prinzessin wie in denen der Journalisten erhöht. So, schwierig und unermüdlich bei den Großen, liebenswürdig und schwer erreichbar bei den Kleinen, würde Antoine nur Freunde haben, gäbe es nicht eine Kategorie, die er nicht leiden kann, die er unaufhörlich schmäht, weil er damit einerseits die Rivalen schwächt und die Konkurrenten ins Hintertreffen bringt, anderseits die Beute, auf die er nicht weniger als jene versessen ist, für sich allein behält – eine Kategorie, die er von denkbar weither schon wittert, deren Machenschaften er schonungslos enthüllt, der gegenüber er keine Nachsicht und kein Mitleid kennt: die Snobs. (J. S. I, 255)

Schon weiß er auch aus dem Snobismus einen Stoff von ganz allgemein menschlichem Interesse zu gewinnen; und schon gelingt es seiner Kunst, Porträts, die ganz durch die Epoche bestimmt sind, gleichwohl den Entstellungen durch Zeit und Mode zu entrücken. Den gesellschaftlichen Erfolg jedoch, mit dem der Erzähler der *Suche nach der verlorenen Zeit* Swann einmal ausstatten wird, sehen wir bereits Jean Santeuil genießen. Dank der Freundschaft des Herzogs und der Herzogin von Réveillon hat er aus nächster Nähe, *was es in Frankreich Größtes gibt*, kennengelernt. Einzig in dieser in sich abgeschlossenen Welt, in die er durch eine außergewöhnliche Gunst des Schicksals eindringen konnte, fühlt er sich wohl. Wenn er die Gelegenheit dazu benutzt, zu beobachten und den Stoff für sein künftiges Werk zusammenzutragen, genießt er sich dabei unerhörte Genugtuungen der Eitelkeit, sowie die erlesenen Entzückungen und ganz besonderen Befriedigungen, die der Snobismus mit sich bringt. Von wenigen Ausnahmen abgesehen, gibt es nichts, was uns heute fremder wäre – gewiß nicht der Snobismus, der zu allen Zeiten dagewesen ist –, wohl aber diese Art von Snobismus, die allein den Personen mit Adelstiteln gilt. Nur erreicht Marcel Proust durch sein Talent, daß wir aus Sympathie mit ihm Verständnis dafür bekommen, ja mehr noch, er vermag uns für seinen Standpunkt zu gewinnen. Etwas befangen entdecken wir, nachdem wir zum Beispiel das schöne Kapitel des dritten Bandes von *Jean Santeuil, Premiere der Frédégonde* betitelt, gelesen haben, daß wir wie Snobs, mit einer der seinen gleichenden Genugtuung das demütigende Erlebnis jener Madame Marmet genießen, die, nachdem sie Jean nicht würdig befunden, in ihrer Opernloge zu erscheinen, und ihm im letzten Augenblick abgesagt hatte, ihn nun mit dem Herzog und der Herzogin von Réveillon im Gefolge einer glanzvollen Gesellschaft eintreten sieht, unter der sich Seine Majestät der König von Portugal Höchstselbst befindet. So kurz resümiert freilich wirkt die Episode nur lächerlich. Aber man muß das Kapitel im Zusammenhang lesen. Dann nämlich ist es ganz unmöglich, daß man sich nicht mit den Personen identifiziert, in ihre Haut schlüpft, den Hochmut oder die Demütigung an den lächerlich erscheinenden Punkten mitempfindet. Im übrigen wollen wir keine Pharisäer sein: wenn diese Art von Snobismus fast verschwunden ist, so deshalb, weil er jetzt für die meisten Ehrgeizigen keiner Wirklichkeit mehr entspricht. Rastignac und Rubempré haben heute von der Welt der Herzoginnen nichts mehr zu erwarten, doch gibt es andere Snobismen, die auch wir möglicherweise teilen. Wenn das Prestige auch heute anderswo liegt, so existiert es doch noch, und ebenso geht noch eine Kraft von ihm aus, zweifellos sogar von dem, was Personen mit Adelstiteln in den Augen hierfür empfänglicher Seelen nun einmal besitzen. Bezeichnend an den Seiten, auf die wir uns beziehen, ist, daß die in die Augen springende Revanche Jean Santeuils an Madame Marmet nicht vom Standpunkt des Hauptinteressenten (Jean Santeuil selbst) kommentiert wird, der im Gegenteil ganz zurücktritt – ganz wie Proust selbst es unwillkürlich auf Grund einer Reaktion der Wohlerzogenheit, die seinen Triumph in den Augen Dritter nur um so wirksamer unterstrichen hätte, es getan haben würde. Wir können daraus den Schluß ziehen, daß unser Autor, der auf anderen Seiten des Buches den Snobismus von außen her kritisiert, hier ihm selbst unterliegt. Marcel Proust identifiziert sich mit Jean Santeuil, nimmt an seinen Erfolgen teil, macht sich seine Genugtuungen der Eitelkeit und des Stolzes zu eigen. Soweit er unbeteiligt daran tut, geschieht es nicht, weil er einen gewissen Abstand zwischen seiner Romanfigur und seiner eigenen Person wahrt (wie es eine wirkliche Romanschöpfung verlangt hätte), sondern im Gegenteil gerade deshalb, weil er sich nicht genügend von ihr distanziert und infolgedessen auch in dem Buch die gleiche höfliche Diskretion unwillkürlich an den Tag legt, die ihm im Leben so natürlich gewesen wäre.

Proust wußte seinen Snobismus übrigens sehr bald zu überwinden. Eine Anmerkung zu *Sesame and Lilies* prangert die Sophismen an, *welche die Eitelkeit gescheiter Menschen dem Arsenal gerade ihrer Intelligenz entnimmt, um ihre niedrigsten Neigungen zu rechtfertigen. Das würde ungefähr bedeuten, daß einem die Tatsache, daß man klüger ist, das Recht gibt, es weniger zu sein. Es ist ganz einfach so, daß in uns verschiedene Personen ganz dicht beieinander leben und daß das Dasein eines bedeutenden Mannes oft nur die Symbiose eines Philosophen und eines Snobs darstellt* (82). Und in der Vorrede zu dem gleichen Werk von Ruskin schreibt er die folgenden Sätze, die das Problem seines – oft verziehenen, oft sogar ausdrücklich gewürdigten – Snobismus an die richtige Stelle rücken:

Sich in der Gesellschaft eines andern zu gefallen, weil einer von dessen Ahnen an den Kreuzzügen teilgenommen hat, ist Eitelkeit. Die Klugheit hat nichts damit zu tun. Aber sich in der Gesellschaft eines Menschen zu gefallen, weil der Name seines Großvaters häufig bei Alfred de Vigny oder Chateaubriand wiederkehrt oder (das allerdings bedeutet für mich, wie ich gestehen muß, eine unwiderstehliche Verlockung) weil sein Familienwappen in der großen Rosette von Notre-Dame in Amiens erscheint, bezeichnet den Anfang einer Versündigung des Geistes. (Ebd., 42)

Im folgenden aber saugt er selbst Honig daraus – nicht ohne eine gewisse Beunruhigung wegen des offenkundigen Snobismus, von dem solche bereits sehr proustischen Bemerkungen Zeugnis ablegen könnten:

Die Eu sehen wie ganz schlichte liebe Leute aus, obwohl ich in ihrer Gegenwart gleichsam den Hut auf dem Kopf behalte und volle Ruhe bewahre: «Nichts mehr zu machen seit Rennes.» Als ich mich gleichzeitig mit dem Alten vor einem Durchgang befand, so daß einer von uns als erster vorangehen mußte, bin ich zur Seite getreten. Er ging darauf voran, jedoch indem er den Hut in keineswegs herablassender Weise oder à la d'Haussonville zog, sondern nur sehr höflich wie jemand, der weiß, was sich gehört; es war ein Gruß, wie ich ihn noch nie von irgendwelchen Leuten erlebt habe, denen ich ebenso den Vortritt ließ, Leuten, die nur «schlichte Bürger» waren, aber schlankweg vorangingen, als ob sie Prinzen wären. Übrigens rutscht Graf Eu auf dem Parkett vorwärts, er geht*

* Anspielung auf «Brouillés depuis Wagram», ein altes Lustspiel von Grangé und Thiboust (Anm. d. Übers.)

nicht, sondern scheint Schlittschuh zu laufen. Ich wage aber damit nicht à la Cuvier eine Rekonstruktion der guten Manieren vorzunehmen, da ich nicht weiß, ob man in diesem Gleiten die Auswirkungen der Gicht oder höfische Reminiszenzen zu sehen hat. Bitte zeige diesen Brief nicht meinem Engel von Bruder, der zwar ein Engel ist, aber ein Engel des Gerichts und selbst ein strenger Richter, der aus meinen Bemerkungen über den Comte d'Eu Snobismus oder Frivolität herauslesen würde, die beide meinem Herzen gleich ferne sind, anstatt meinen inneren Drang, Dir etwas zu berichten, worüber wir uns unterhalten hätten, und Bemerkungen zu machen, die Dich amüsieren könnten. (*Lettres à sa mère,* Érian, September 1895)

Die Rechtfertigung Prousts enthalten zum Beispiel die folgenden Seiten, die, gesellschaftlich betrachtet, zweifellos nicht aus der Feder eines Mitverschworenen stammen:

Die Kunde, daß meine Großmutter in den letzten Zügen liegt, hatte sich auf der Stelle durch das ganze Haus verbreitet. Eine jener «Extrahilfen», die man in solchen Ausnahmezeiten kommen läßt, um die Dienstboten zu entlasten, wodurch Sterbefälle einen gewissen Festcharakter erhalten, hatte den Herzog von Guermantes eingelassen, der jetzt im Vorzimmer stand und nach mir fragte; ich konnte ihm nicht entrinnen.

– Ich habe gerade, lieber junger Freund, die schlimme Nachricht erhalten. Zum Ausdruck meiner Teilnahme möchte ich Ihrem Herrn Vater die Hand drücken.

Ich entschuldigte mich mit dem Bemerken, daß es sehr schwierig sei, ihn in diesem Moment zu stören. Monsieur de Guermantes erschien bei uns wie jemand, der in dem Augenblick kommt, da man abreisen will. Er war aber selbst derartig von der Wichtigkeit dieses Höflichkeitsbesuches erfüllt, daß alles andere für ihn dahinter zurücktrat und er durchaus in den Salon eindringen wollte. Im allgemeinen hatte er die Gewohnheit, auf eine vollkommene Durchführung der Formalitäten bedacht zu sein, mit denen er jemand beehrte, und so nahm er wenig Rücksicht darauf, ob der Koffer gepackt war oder der Sarg vor der Tür stand.

– Haben sie Dieulafoy kommen lassen? Ach! Das ist ein großer Fehler. Wenn Sie es mir gesagt hätten, wäre er schon mir zuliebe bestimmt gekommen, er schlägt mir niemals etwas ab, obwohl er zur Herzogin von Chartres zum Beispiel nicht gegangen ist. Sie sehen, hierin erkenne ich mir ohne weiteres den Vorrang vor einer Prinzessin von Geblüt zu. Im übrigen sind wir ja vor dem Tode alle gleich, setzte er hinzu, nicht um mich davon zu überzeugen, daß meine Großmutter nunmehr seinesgleichen würde, sondern vielleicht, weil ihm zum Bewußtsein kam, daß ein längeres Gespräch über Dieulafoy und seinen eigenen Vorrang vor der Herzogin von Chartres nicht sehr geschmackvoll wäre.

Sein Rat erstaunte mich im übrigen nicht. Ich wußte, daß bei den Guermantes immer der Name Dieulafoy fiel, etwas respektvoller vielleicht, aber sonst genauso wie der eines unvergleichlichen «Lieferanten». Die alte Herzogin von Mortemart, geborene Guermantes (es ist rätselhaft, weshalb man, wenn man von einer Herzogin spricht, fast immer sagt: «die alte Herzogin von ...» oder im Gegenteil, wenn sie jung ist, mit watteauhaft feinem Lächeln, «die kleine Herzogin»), empfahl beinahe automatisch in ernsten Fällen mit einem Augenzwinkern «unter allen Umständen Dieulafoy», als handle es sich um eine Eisbestellung «natürlich nur Poiré Blanche» oder – bei Petits Fours – «unbedingt Rebattet». Ich selbst aber wußte nicht, daß mein Vater gerade Dieulafoy zu uns gebeten hatte.

In diesem Augenblick trat meine Mutter, die mit Ungeduld auf die Sauerstoffbehälter wartete, welche meiner Großmutter die Atmung erleichtern sollten, in das Vorzimmer, wo sie schwerlich Monsieur de Guermantes vermuten konnte. Ich hätte ihn am liebsten irgendwo versteckt. Überzeugt jedoch, daß nichts wesentlicher sei, ihr mehr schmeicheln könne und nichts unverbrüchlicher seinen Ruf eines vollendeten Edelmanns befestigen werde, packte er mich kräftig am Arm, und obgleich ich mich wie gegen eine Vergewaltigung mit unaufhörlichen: «Aber Monsieur, Monsieur» dagegen verwahrte, zog er mich mit den Worten zu Mama hin: «Wollen Sie mir bitte die große Ehre erweisen, mich Ihrer Frau Mutter vorzustellen?», wobei seine Stimme sich bei dem Worte «Mutter» etwas überschlug. Er war aber so sehr überzeugt, daß die Ehre auf ihrer Seite sei, daß er sich nicht enthalten konnte, trotz seiner Trauermiene gleichzeitig zu lächeln. Ich konnte nicht umhin, meiner Mutter seinen Namen zu nennen, was ihn auf der Stelle zu Verbeugungen und tänzelnden Schritten veranlaßte; er war im besten Zuge, diese Begrüßungszeremonie noch einmal zu wiederholen, und hatte sogar vor, ein Gespräch zu beginnen, als meine von Schmerz völlig überwältigte Mutter nur sagte, ich solle mich beeilen; sie gab überhaupt keine Antwort auf die Phrasen des Herzogs, der, in der Erwartung, zum Nähertreten aufgefordert zu werden, nunmehr allein im Vorzimmer blieb; er wäre wohl schließlich gegangen, hätte er nicht im gleichen Moment Saint-Loup eintreten sehen, der am selben Morgen angekommen und auf die schlechte Nachricht hin sofort herbeigeeilt war ... Während der Herzog von Guermantes sich dazu beglückwünschte, daß «ein guter Wind» ihn seinem Neffen in die Arme getrieben habe, war er gleichwohl so erstaunt über den Empfang, den er begreiflicherweise bei meiner Mutter gefunden hatte, daß er später erklärte, sie sei ebenso unangenehm wie mein Vater liebenswürdig, scheine an einer Art von «Absencen» zu leiden, während derer sie gar nicht höre, was man zu ihr sagte, und sei seiner Meinung nach nicht ganz richtig im Kopf, mindestens sonderbar. Er war dabei gern bereit, wie man mir sagte, den damaligen Umständen Rechnung zu tragen und zu erklären, er habe den Eindruck gehabt, meine Mutter sei durch den Trauerfall sehr «affiziert» gewesen. Aber alle nicht ausgeführten Begrüßungszeremonien und Verbeugungen im Rückwärtsgehen, an deren Exekution man ihn gehindert hatte,

Jeanne Proust mit ihren Söhnen

Jeanne Proust

waren ihm gleichsam in den Beinen steckengeblieben, und im übrigen verstand er von Mamas Kummer so wenig, daß er am Vorabend der Beerdigung mich fragte, ob ich denn gar nicht versuche, sie auf andere Gedanken zu bringen. (III, 491–495)

Die Schilderung der «Welt» gestaltet sich bei Proust immer unerbittlicher. Sie gipfelt unter anderen in der Szene, in der eine alte Feundin Swanns, wie es die Herzogin von Guermantes war, die aber weder ihn noch seine Tochter nach seiner «unmöglichen» Heirat mit Odette empfangen hatte, nach seinem Tod eine andere Haltung annimmt, weil ihr früherer Entschluß aufgehört hat, *ihr alle Befriedigungen des Stolzes, der Unabhängigkeit, des «self-government», des Leidens um der Überzeugung willen zu geben, die sie zuvor daraus hatte ziehen können, da das Verschwinden desjenigen Menschen, der ihr die köstliche Sensation geschenkt hatte zu spüren, daß sie ihm widerstand, daß es ihm nicht glückte, seine Dekrete auch bei ihr durchzusetzen, dem allen ein Ende bereitete.* (VI, 254)

Vier Wochen später wurde die kleine Swann, die sich noch nicht For-

cheville nannte, bei den Guermantes zum Mittagessen eingeladen. Es war von tausend Dingen die Rede; am Ende der Mahlzeit brachte Gilberte schüchtern hervor: «Ich glaube, Sie haben meinen Vater sehr gut gekannt.» – «Das kann ich wohl sagen», gab Madame de Guermantes in einem melancholischen Ton zurück, mit dem sie ihr Verständnis für den Kummer der Tochter bewies, anderseits auch mit einer gewollt übertriebenen Eindringlichkeit, als wünsche sie zu vertuschen, daß sie nicht ganz sicher sei, ob sie sich eigentlich sehr genau an den Vater erinnere. «Wir haben ihn gut gekannt, ich erinnere mich noch s e h r w o h l an ihn.» (Sie durfte sich in der Tat sehr gut an ihn erinnern, hatte er ihr doch fünfundzwanzig Jahre hindurch fast täglich einen Besuch gemacht.) «Ich weiß genau, wer er war, und kann Ihnen auch sagen», setzte sie hinzu, als wolle sie die Tochter darüber aufklären, wen sie zum Vater gehabt habe, und müsse dem jungen Mädchen erst einmal eine eingehende Kenntnis von ihm vermitteln, «er stand sich ausgezeichnet mit meiner Schwiegermutter und auch mit meinem Schwager Palamède.» – «Er kam auch zu uns, er hat sogar hier im Hause geluncht», setzte Monsieur de Guermantes mit ostentativer Zurückhaltung, jedoch in einem Bestreben nach skrupulöser Genauigkeit hinzu. «Du erinnerst dich doch, Oriane. Was war ihr Vater für ein trefflicher Mann! Wie deutlich spürte man, aus was für einer gediegenen Familie er kam! Im übrigen habe ich früher auch einmal seine Eltern gesehen. Sie und er sind wirklich sehr brave Leute gewesen.»

Man hatte den Eindruck, daß, wären Eltern und Sohn noch am Leben, der Herzog von Guermantes nicht angestanden hätte, sie für eine Stellung als Gärtner zu empfehlen. So spricht man im Faubourg Saint-Germain von jedem Bürgerlichen zu einem anderen Bürgerlichen, sei es, um diesem dadurch zu schmeicheln, daß man – für die Dauer des Gesprächs – zugunsten des Mannes oder der Frau, mit denen man sich gerade unterhält, eine Ausnahme macht, sei es vielmehr oder zugleich, um ihn zu demütigen. In der gleichen Weise spricht ein Antisemit zu einem Juden, den er im gleichen Augenblick mit Liebenswürdigkeiten überhäuft, schlecht von den Juden im allgemeinen, wodurch er die Möglichkeit findet zu verletzen, ohne grob zu sein.

Madame de Guermantes aber, die – eine Königin des Augenblicks – es wirklich verstand, einem alles erdenkliche Angenehme zu sagen, solange sie einen sah, und sich nicht entschließen konnte, einen gehen zu lassen, war zugleich auch die Sklavin eben dieses Augenblicks. Swann hatte manchmal im Rausch der Konversation der Herzogin die Illusion zu schenken vermocht, sie hege freundschaftliche Gefühle für ihn, doch nun war er nicht mehr imstande dazu. «Er war charmant», sagte sie mit einem traurigen Lächeln, während sie auf Gilberte einen sehr sanften Blick heftete, der bestimmt diesem jungen Mädchen für den Fall, daß es ein reges Gefühlsleben besaß, zeigen würde, daß es Verständnis fand und daß Madame de Guermantes, wäre sie mit der Tochter Swann allein und die Um-

stände günstiger gewesen, ihr gern die ganze Tiefe ihrer Empfindung aufgedeckt hätte. Monsieur de Guermantes hingegen, ob nun, weil er eben fand, daß die Umstände sich für solche Ergüsse nicht eigneten, oder ob seiner Meinung nach alle übertriebenen Gefühlsäußerungen Sache der Frauen waren und die Männer in dieser Sphäre nicht mehr zu suchen hätten als in den übrigen der Wirklichkeit zugeteilten Bezirken – mit Ausnahme von Küche und Weinkeller, die er sich als seine Domäne vorbehielt, da er in dieser Hinsicht kompetenter war als die Herzogin –, erachtete es für richtig, nicht durch eine Einmischung seinerseits eine Unterhaltung, die er mit sichtlicher Ungeduld anhörte, auch noch in die Länge zu ziehen. (VI, 258–260)

Wenn der Erzähler seine Freunde aus der «großen Welt» im Stich ließ, als er plötzlich aus den Salons verschwand, die er so gern besucht hatte, und die schönsten Feste versäumte, geschah es keineswegs (wenigstens nicht in seiner ersten Jugend), weil er sich plötzlich entschlossen hatte zu arbeiten, sondern nur – wie es von Swann bei gleichen Gelegenheiten berichtet wird – weil eine alles andere ausschließende Leidenschaft ihn anderswo festhielt, und zwar oft in denkbar wenig eleganten Milieus. Der Snobismus endet, wo die Liebe anfängt.

Liebe

«So kehrte sie immer in Swanns Wagen heim; eines Abends, als sie ausgestiegen war und er sich verabschiedete bis zum nächsten Tag, hatte sie rasch in dem kleinen Vorgarten eine letzte Chrysantheme gepflückt und ihm geschenkt, bevor er weiterfuhr. Er hielt sie während der Heimfahrt an die Lippen gepreßt, und als nach ein paar Tagen die Blume welk geworden war, verwahrte er sie behutsam in seinem Sekretär ... (I, 326)

Diese Zeilen, mit denen der zweite Band* von *Swanns Welt* beginnt, könnten von Flaubert sein. Ich spreche dabei von der Form. Aber auch was den Inhalt betrifft, ist die Psychologie der Liebe klassisch bei Proust: sie bewegt sich in jener großen französischen Tradition, die über Racine, Stendhal und Benjamin Constant von Madame de Lafayette zu Flaubert führt, und eben auch zu Proust. Um das festzustellen, braucht man nur innerhalb von *Swanns Welt* den *Eine Liebe von Swann* betitelten Teil aufzuschlagen:

Und um seine allzu einseitig gewordene seelische Sicht von Odette, von der er fürchtete, sie möchte ihn schließlich ermüden, etwas aufzufrischen, schrieb er ihr plötzlich einen Brief voller erfundener Vorwürfe und geheucheltem Groll, den er ihr vor dem Abendessen in ihr Haus bringen ließ. Er wußte, daß sie darüber erschrecken und ihm antworten würde, und hoffte, daß unter dem Druck der Furcht, sie könne ihn verlieren, ihrer Seele Worte entströmen würden, wie sie sie ihm noch niemals gesagt; tatsächlich hatte er auf diese Weise die zärtlichsten Briefe erhalten, die sie ihm überhaupt geschrieben hatte, von denen der eine, den sie ihm um die Mittagszeit aus der Maison Dorée geschickt hatte (es war an dem Tage des Paris-Murcia-Festes zum Besten der Hochwassergeschädigten von Murcia) mit den Worten begann: «Lieber Freund, meine Hand zittert so sehr, daß ich kaum zu schreiben vermag», er hatte ihn im gleichen Fach aufbewahrt wie die verdorrte Chrysanthemenblüte! Oder wenn sie keine Zeit fände, ihm zu schreiben, so würde sie, wenn er bei den Verdurins erschiene, sofort auf ihn zukommen und sagen: «Ich muß mit Ihnen sprechen», und er würde voller Neugier auf ihrem Gesicht und in ihren Worten zu erfassen suchen, was sie bisher vor ihm so konsequent in ihrem Herzen

* Nach der alten Einteilung (Anm. d. Übers.)

verbarg ... So benahm das einfache Funktionieren des sozialen Organismus, den der «Clan» der Verdurins darstellte, für Swann den täglichen Begegnungen mit Odette alles Atemberaubende und gestattete ihm, eine gewisse Gleichgültigkeit dagegen an den Tag zu legen, ob er sie sehen würde, ja sogar den Wunsch in sich aufkommen zu lassen, sie einmal nicht zu sehen, was kein großes Risiko bedeutete, da er ja, was er ihr auch im Laufe des Tages geschrieben haben mochte, sicher sein konnte, er werde sie zwangsläufig am Abend sehen und nach Hause begleiten.

Wenn Marcel Proust differenziertere Gefühlsvarianten aufzählt als Benjamin Constant oder Stendhal, so nicht nur deswegen, wie behauptet worden ist, weil er sensibler war, sondern viel mehr noch, weil er eine Methode noch wirksamerer psychologischer Durchleuchtung ausgebildet hat, eine Methode, die ihm zum Beispiel erlaubt, zu so scharfblikkenden Erkenntnissen zu gelangen wie den folgenden:

Aber in dem schon etwas illusionslosen Lebensalter, dem Swann sich näherte, wo man sich damit zu bescheiden weiß, selber verliebt zu sein und nicht auf allzuviel Gegenseitigkeit zu rechnen, kann eine solche betonte Nähe der Herzen, wenn sie auch nicht mehr das Ziel ist, nach dem die Liebe notwendigerweise strebt, doch noch durch eine so wirksame Ideenassoziation mit dieser verbunden sein, daß sie die Ursache davon werden kann, wenn sie zuerst auftritt. Erst träumt man davon, das Herz der Frau zu besitzen, in die man sich verliebt; später kann das Gefühl, das Herz einer Frau zu besitzen, schon genügen, uns in sie verliebt zu machen. In dem Alter also, wo man annehmen müßte, daß, da man ja in der Liebe vor allem ein subjektives Vergnügen sucht, das Wohlgefallen an der Schönheit einer Frau den weitaus größten Anteil daran haben müßte, kann die Liebe – und zwar eine durchaus physisch betonte Liebe – entstehen, ohne daß ihr ein Begehren vorausgegangen ist. In dieser Epoche des Lebens ist man von der Liebe schon mehrmals angerührt worden; sie rollt nicht mehr aus sich selbst nach ihren eigenen unbekannten und schicksalsbedingten Gesetzen in unserem staunend und passiv davon betroffenen Herzen ab. Wir helfen nach, wir nehmen durch Hinzuziehung der Erinnerung und durch Suggestion Fälschungen daran vor. Wenn wir eines ihrer Symptome wiedererkennen, erinnern wir uns an andere und erwecken sie selbst zum Leben in uns. Da ihr ganzes Lied in unserem Herzen eingegraben ist, haben wir gar nicht nötig, daß eine Frau uns mehr als die erste Strophe davon rezitiert, damit wir – von der Bewunderung erfüllt, die wir der Schönheit zollen – selbst die Fortsetzung finden. Und wenn sie gleich in der Mitte beginnt – da, wo die Herzen sich nähern, wo man bereits davon spricht, daß man nunmehr füreinander lebt –, so kennen wir diese Töne nun lange schon gut genug, um auf der Stelle mit dem Einsatz zu kommen, auf den unsere Partnerin wartet. (I, 293–294)

In *Die Entflohene* findet sich eine Stelle von gleichermaßen klassischer Prägung wie die soeben zitierte aus *Swanns Welt*, wobei der Liebende zu dem gleichen armseligen Hilfsmittel des Briefeschreibens greift:

Ebenso wie ich früher Albertine gesagt hatte: «Ich liebe dich nicht», damit sie mich liebte, «ich vergesse die Leute, wenn ich sie nicht sehe», damit sie mich sehr oft besuchte, «ich habe beschlossen, mich von dir zu trennen», um jeder Idee einer Trennung bei ihr zuvorzukommen, sagte ich ihr zweifellos jetzt, weil ich absolut wollte, daß sie innerhalb von acht Tagen zurückkehrte: «Lebe wohl für immer.» Weil ich sie wiedersehen wollte, sagte ich zu ihr: «Ich würde gefährlich finden, dich noch einmal zu sehen.» Weil mir schlimmer als der Tod erschien, getrennt von ihr zu leben, schrieb ich ihr die Worte: «Du hast recht gehabt, wir würden zusammen unglücklich geworden sein.» ... Da die Wirkung dieses Briefes mir gewiß erschien, bedauerte ich, ihn abgeschickt zu haben, denn als ich mir die alles in allem so leicht zu bewerkstelligende Rückkehr Albertines ausmalte, kehrten mir jäh alle Gründe, weshalb eine Heirat zwischen uns schlecht ausgehen müsse, mit Gewalt ins Bewußtsein zurück. Ich hoffte, sie werde es ablehnen wiederzukommen. Ich war gerade dabei, mir klarzumachen, daß meine Freiheit, die ganze Zukunft meines Lebens von ihrer Weigerung abhinge, daß ich eine Torheit begangen hätte, ihr zu schreiben, daß ich den leider abgeschickten Brief hätte zurückbeordern sollen, als Françoise zugleich mit der Zeitung, die sie heraufgeholt hatte, ihn mir nochmals übergab. Sie wußte nicht, wieviel Marken sie aufkleben mußte, um ihn freizumachen. Auf der Stelle aber änderte ich meine Meinung; ich wünschte, Albertine würde nicht zurückkehren, zugleich aber auch, dieser Entschluß ginge, um meiner Angst ein Ende zu bereiten, von ihr selber aus ... Ich reichte Françoise, damit sie ihn endlich auf die Post bringe, den Brief zurück, um Albertine gegenüber einen Versuch in die Tat umzusetzen, der mir unerläßlich schien, seitdem ich erfahren hatte, daß er noch nicht vollzogen war. Zweifellos haben wir unrecht zu glauben, daß die Erfüllung unseres Wunsches etwas Geringfügiges sei, da wir, sobald wir glauben, daß er nicht erfüllt werden kann, von neuem daran festhalten und nur finden, daß es nicht der Mühe wert war, ihm nachzugeben, wofern wir ganz sicher sind, unsere Absicht keinesfalls zu verfehlen. (VI, 66f, 69, 72)

Die Beobachtung einer solchen «Finte» in unserm Innern – durch die wir uns überreden, unbeteiligt und gleichgültig zu sein, sobald wir fürs erste die Gleichgültigkeit und das Unbeteiligtsein des geliebten Wesens nicht mehr zu fürchten haben – gehört zu allen klassischen Darstellungen der Liebe. Immer wieder begegnet man ihr bei Proust. Wir führen hier nur noch das folgende Beispiel an:

Die Gewißheit, den jungen Mädchen vorgestellt zu werden, hatte zum Ergebnis, daß ich Gleichgültigkeit gegen sie nicht nur heuchelte, sondern empfand. Seitdem das Vergnügen, sie kennenzulernen, unvermeidbar war, schrumpfte es in sich zusammen, wurde geringer und kleiner als das

einer Unterhaltung mit Saint-Loup, eines Abendessens mit meiner Großmutter oder jener Ausfahrten in die Umgegend, welche ich wahrscheinlich infolge der Bekanntschaft mit Mädchen, die wohl wenig Sinn für Sehenswürdigkeiten hatten, mit Bedauern gezwungen sein würde zu vernachlässigen ... Was jetzt stattfinden sollte, war ein anderes Ereignis als das, auf welches ich vorbereitet war. Ich kannte weder mein Verlangen wieder noch seinen Gegenstand; ich bedauerte jetzt fast, mit Elstir ausgegangen zu sein. Besonders aber erklärte sich die Schrumpfung der Freude, die dieser Vorgang früher für mich bedeutet hätte, durch die Sicherheit, daß nichts sie mir noch würde rauben können. Dementsprechend aber erlangte sie in gleichsam elastischem Zurückschnellen ihren früheren Umfang zu-

rück, sobald der Druck der Gewißheit wich, als ich mich nämlich entschloß, doch einmal den Kopf zu wenden, und Elstir ein paar Schritte von mir entfernt bei den Mädchen stehen, sich aber gerade von ihnen verabschieden sah … Diese Rolle des Glaubens war zwar einem Teil meiner selbst bekannt, nämlich meinem Willen, aber sein Wissen nützt ihm nichts, solange Einsicht und Gefühl nichts davon «wissen wollen»; diese aber betätigen sich nach bestem Wissen und Gewissen, wenn sie meinen, wir hätten Lust, eine Geliebte zu verlassen, und einzig unser Wille sich bewußt ist, daß wir ihr noch verhaftet sind. Das kommt daher, daß ihre Sicht durch den Glauben getrübt wird, wir würden jederzeit zu ihr zurückkehren können. Aber wenn dieser Glaube sich dann wieder in Nichts auflöst, wenn Einsicht und Gefühl erfahren müssen, daß die Geliebte für immer abgereist ist, verlieren sie jedes Maß und sind wie von Sinnen, das geringste Vergnügen erscheint ihnen dann nachträglich unendlich groß … Wandlung eines Glaubens, Nichtigkeit der Liebe auch, die präexistent und noch schweifend, einfach an dem Bilde einer bestimmten Frau haften bleibt, weil diese Frau für sie fast unmöglich zu erreichen ist! Von da an denkt man weniger an die Frau, die man sich nur schwer vorzustellen vermöchte, als an die Mittel, wie man sie kennenlernen kann. Ein langer Prozeß von Ängsten rollt ab und genügt, unsere Liebe auf diejenige zu fixieren, die das uns noch kaum bekannte Objekt dieser Zustände ist. Die Liebe wird unermeßlich groß, wir aber denken nicht mehr daran, einen wie geringen Platz die wirkliche Frau darin einnimmt. Und wenn wir, so wie es mir gegangen war, als ich Elstir bei den jungen Mädchen stehenbleiben sah, auf einmal aufhören, unruhig zu sein, jene Angst zu empfinden, die unsere Liebe ausgemacht hat, scheint sie mit einem Schlage wesenlos zu werden, sobald die Beute, an deren Wert wir nicht genügend dachten, uns zugefallen ist. (II, 625–626 und 628–629)

Wenn es aber zum Beispiel darum gehen wird, jene Art von Eifersucht zu beschreiben, zu deren Behebung nicht einmal der Tod des Wesens genügt, das sie hervorgerufen hat, wird Proust persönliche Beobachtungen in Fülle bringen, alle gehaltvoll und neu wie die folgenden:

Eine Frau, die kein Vergnügen mehr mit anderen erleben konnte, hätte meine Eifersucht nicht mehr erregen sollen, wenn nur meine Zärtlichkeit im Spiel gewesen wäre. Das aber war unmöglich, da sie ihren Gegenstand, Albertine, einzig in Erinnerung fand, in denen meine Freundin noch am Leben war. Da ich sie allein schon dadurch wieder erweckte, daß ich an sie dachte, konnte ihr jeweiliger Verrat niemals der einer Toten sein, wurde doch der Augenblick, in dem sie ihn begangen, immer zum gegenwärtigen, nicht nur für Albertine, sondern auch für das – auf einmal wiedererwachte – meiner «Ichs», das sie betrachtete. Auf diese Weise vermöchte kein Anachronismus das unlösliche Paar zu trennen, bei dem zu jeder neuen Schuldigen sofort ein beklagenswerter und stets der gleichen Epoche angehöriger Eifersüchtiger trat. (VI, 118)

In der Sphäre des physischen Leidens wenigstens haben wir unseren Schmerz nicht selber auszuwählen. Die Krankheit bestimmt ihn und zwingt ihn uns auf. Bei der Eifersucht aber müssen wir gewissermaßen Leiden jeglicher Art und Größe ausprobieren, bevor wir es bei dem besonderen lassen, das uns möglicherweise paßt. (VI, 204)

Zu diesem Thema ist wichtig, zu bemerken, daß Marcel Proust, wenn er mit Hilfe einer Kunst, die das Genie der größten Memoirenschreiber mit dem der größten Romanschriftsteller verbindet, jeder seiner zahlreichen Persönlichkeiten einen unverwechselbaren Typ aufprägt, dennoch eine Tendenz verrät, wahllos dieser oder jener unter ihnen beizulegen, was er vor allem auszudrücken wünscht, zumal in den Dingen der Liebe. So ist die in *Eine Liebe von Swann* beschriebene Eifersucht die gleiche, die, wie wir später sehen, der Erzähler in *Die Entflohene* an sich selbst erlebt und beschreibt. Gewiß hat Proust fürsorglich mehrmals bemerkt, daß der Charakter des Erzählers und der Swanns große Ähnlichkeiten aufweisen, was auch die Aufmerksamkeit erklärt, mit welcher jener das Leben von diesem verfolgt. Dennoch bleibt bestehen, daß, wären diese Schilderungen nicht alle derart bewundernswert, eine gewisse Schwäche – vom Standpunkt der Romantechnik aus – in dieser allzugroßen Ähnlichkeit der Analysen läge. Wir lassen hier einige folgen, die aus *Swann* entnommen sind, die aber der eingeweihte Leser eher in *Die Entflohene* vermuten würde:

Gewiß hatte er wohl augenblicksweise eine ahnende Vorstellung davon, daß die täglichen Beschäftigungen Odettes nicht aufregend interessant seien und daß die Beziehungen, die sie zu anderen Männern haben mochte, nicht unbedingt von Natur aus und für jedes denkende Wesen tödliche Trauer aushauchen müßten, die mit dem Rausch des Selbstmords geladen sei. Er war sich dann darüber klar, daß dieses Interesse, diese Trauer nur in ihm selbst als eine Art Krankheit bestanden, und daß nach deren Heilung die Handlungen Odettes, die Küsse, die sie ausgeteilt haben mochte, wieder so gleichgültig werden würden wie die einer anderen Frau. (I, 412)

Trauernd, verwirrt und doch glücklich saß Swann mit seinem Brief, den Odette ihm unbesorgt mitgegeben hatte, ein so unbedingtes Vertrauen setzte sie in seine Diskretion; aber hinter diesem glasklaren Vertrauen gerade zeigte sich ihm mit dem Geheimnis eines Vorgangs, hinter den er niemals zu kommen glaubte, ein wenig von dem Leben Odettes wie in einem kleinen erhellten Ausschnitt mitten im Unbekannten. Seine Eifersucht weidete sich daran, ganz als habe sie ein Eigenleben, das sich begierig auf alles stürzte, wovon sie sich nähren könnte, und wäre es auf Kosten seiner Lebenskraft. Jetzt hatte sie Nahrung bekommen, und Swann würde nun anfangen, sich jeden Tag wegen der Besuche zu beunruhigen, die Odette um fünf Uhr erhielt; er würde zu erkunden versuchen, wo Forcheville sich zu jener Stunde aufgehalten hatte. Denn Swanns Zärtlichkeit behielt unablässig ihren gleichen Charakter bei, den ihr schon zu Anfang die Unge-

wißheit darüber, wie Odette ihre Tage verbrachte, zusammen mit jener Trägheit des Denkens gegeben hatte, die ihn hinderte, dem Nichtwissen durch Phantasie etwas zu Hilfe zu kommen. Er war zunächst auf Odettes Leben in seiner Gesamtheit nicht eifersüchtig, sondern einzig auf die Momente, in denen – wie er vielleicht auf Grund eines falsch interpretierten Umstandes vermutete – Odette ihn betrügen könnte. Wie ein Polyp, der erst den einen, dann einen zweiten und dritten Fangarm ausstreckt, heftete sich seine Eifersucht an diese Fünfuhrstunde und dann allmählich auch an andere Zeiten. Doch Swann erfand sich seine Leiden nicht selbst. Sie waren nur die Erinnerung, die Fortsetzung eines Leidens, das ihm von außen her zugefügt worden war. (I, 418–419)

Früher hatte er oft mit Schrecken daran gedacht, daß er eines Tages aufhören werde, in Odette verliebt zu sein; er hatte sich vorgenommen, gut aufzupassen, und sobald er ein Nachlassen seiner Liebe verspüren würde, sich daran anzuklammern und sie festzuhalten. Nun aber setzte gleichzeitig mit dem Schwächerwerden seiner Neigung auch eine Verminderung seines Wunsches, verliebt zu bleiben, ein. Denn man kann sich nicht ändern, das heißt, eine andere Person werden und dennoch den Gefühlen derjenigen unterstehen, die man nicht mehr ist. Manchmal verspürte er, wenn er in der Zeitung den Namen eines der Männer fand, von denen er vermutete, daß sie Odettes Liebhaber gewesen seien, noch einmal eine Regung von Eifersucht. (I, 554)

... Ich will nicht sagen, das Vergessen habe sein Werk nicht begonnen. Aber dadurch, daß dank ihm viele mißfällige Aspekte Albertines, verdrießliche Stunden, die ich mit ihr durchlebt, sich nicht mehr in meiner Erinnerung einstellten, also auch nicht mehr dem Verlangen Nahrung gaben, sie möge nicht mehr da sein, wie ich es mir oft gewünscht hatte, als sie noch bei mir war, wirkte sich das Vergessen zum Teil gerade in der Weise aus, daß es mir von ihr eine summarische, durch alle Liebe, die ich für andere gehegt, verschönte Vorstellung gab. In dieser besonderen Form ließ mich das Vergessen, obwohl es gleichzeitig meiner Gewöhnung an die Trennung Vorschub leistete, durch Vorspiegelung einer von größerer Süße durchzogenen Albertine um so mehr deren Rückkehr wünschen. (VI, 74 Anm.)

Man möge mir verzeihen, wenn ich mit diesem letzten Zitat unwillkürlich aus *Swanns Welt* in *Die Entflohene* geraten bin. Aber auch hier hätte ich ebensogut eine Stelle aus *Swanns Welt* wählen können, zum Beispiel die folgende:

... mußte er sich sagen, daß er, einmal geheilt, alles, was Odette beträfe, als gleichgültig ansehen werde. Aber aus dem Grunde seines krankhaften Zustandes heraus fürchtete er wie den Tod eine solche Heilung, die in der Tat das Ende von allem bedeutet hätte, was er im Augenblick war... (I, 442–443), um dann, wieder auf *Die Entflohene* zurückgreifend, diesem Zitat aus *Swanns Welt* das folgende gegenüberzustellen:

Ich hatte nur noch eine einzige Hoffnung für die Zukunft – eine Hoffnung, die viel herzergreifender war als Furcht – nämlich, Albertine zu vergessen. Ich wußte, daß ich sie eines Tages vergessen würde, ich hatte Gilberte, ich hatte Madame de Guermantes, ich hatte meine Großmutter vergessen. Das aber ist die gerechteste und grausamste Züchtigung für ein so vollkommenes Vergessen, über welchem Kirchhofsfrieden ruht – ein Vergessen, durch das wir uns von denen losgelöst haben, die wir nicht mehr lieben –, daß wir dies gleiche Vergessen als unvermeidlich voraussehen auch im Hinblick auf die, welche wir noch lieben. (VI, 106)

Man ist nur durch das, was man besitzt. Man besitzt aber nur, was man gegenwärtig hat; wieviel aber von unseren Erinnerungen, unseren Launen, unseren Ideen brechen in eine Ferne auf, in der wir sie aus den Augen verlieren! Dann aber können wir sie nicht mehr im Gesamtbestand unseres Wesens führen. Doch haben sie geheime Wege, auf denen sie in uns zurückzukehren vermögen. An gewissen Abenden, wenn ich eingeschlafen war, fast ohne Albertine nachzutrauern – man kann nur dem nachtrauern, was man sich ins Gedächtnis ruft –, fand ich beim Erwachen eine ganze Flotte von Erinnerungen vor, die im hellsten Licht des Bewußtseins in mir kreuzten und die ich ganz wunderbar im einzelnen unter-

Ausschnitt aus einer Manuskriptseite

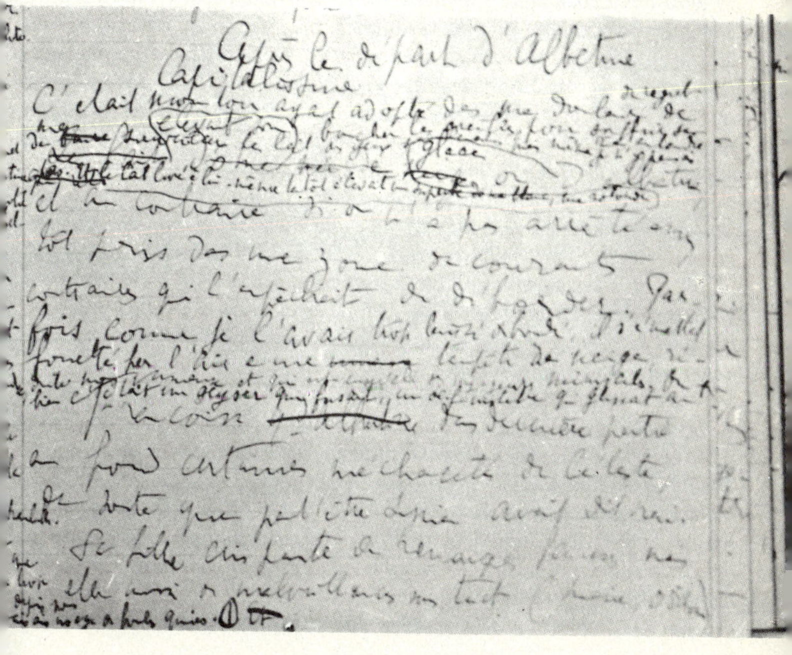

schied. Dann beweinte ich, was ich so deutlich sah, und was noch am Abend zuvor für mich ein Nichts gewesen war. (VI, 115)

Auf alle Fälle ist dies eine klassische Perspektive, nach der Liebe nur im Leid erlebt werden kann. *«‹Ein nicht sehr glückliches Erlebnis der Gefühle› hat mir in Ihrem Brief gefallen»*, schreibt Proust an Georges de Lauris. *Gibt es denn Glückliche? Ja, es gibt vom Glück Begünstigte, die es behaupten und bei denen solche Abenteuer auch sehr glücklich verlaufen, doch sind es, frage ich mich, wirkliche L i e b e s e r l e b n i s s e ?»* (À un ami, 216). *Woher im übrigen nimmt man den Mut zum Leben, wie kann man eine Geste machen, um sich vor dem Tod zu bewahren in einer Welt, in der die Liebe nur durch Lüge hervorgerufen wird und einzig in dem Bedürfnis besteht, unsere Leiden durch eben das Wesen gelindert zu sehen, das sie verschuldet hat?* (V, 138) Diese Leiden sind gleichwohl dem Schriftsteller nützlich, und auch Proust persönlich zeichnet diese Wahrheit auf:

... Man kann fast sagen, daß es mit den Werken wie mit den artesischen Brunnen ist, nämlich daß sie sich um so höher erheben, je tiefer die Grube ist, die das Leiden in unserem Herzen ausgehoben hat ... Immerhin, wenn ein Wesen so schlecht eingerichtet ist, (und vielleicht ist innerhalb der Natur dieses Wesen einfach der Mensch), daß es nicht lieben kann, ohne zu leiden, und wenn man leiden muß, um Wahrheiten zu erfahren, so wird das Leben eines solchen Wesens schließlich sehr ermüdend sein. Die glücklichen Jahre sind die verlorenen, man wartet auf einen Schmerz, um an die Arbeit gehen zu können. Die Vorstellung des vorausgegangenen Leidens verbindet sich mit der Vorstellung von Arbeit, man fürchtet sich vor jedem neuen Werk, wenn man an die Schmerzen denkt, die man zuvörderst ertragen muß, um es zu konzipieren. Da man aber einsieht, daß Leiden das Beste ist, was man im Leben antreffen kann, denkt man ohne Grauen – wie an eine Befreiung fast – an den Tod ... Die Leiden sind unansehnliche, verhaßte Diener, die man bekämpft, unter deren Herrschaft aber man mehr und mehr gerät; sie sind harte Diener, die unmöglich zu ersetzen sind und uns auf unterirdischen Wegen zur Wahrheit und zum Tode führen. Glücklich, wer die erste vor dem zweiten gefunden hat und für den, wie nahe sie auch zusammenliegen mögen, die Stunde der Wahrheit vor der des Todes schlägt. (VII, 347–350)

Was Proust erfunden hat, das sind die «Anfälligkeiten des Herzens».

In welchem Augenblick wir sie auch betrachten, immer hat unsere seelische Ganzheit nur einen beinahe fiktiven Wert trotz der umfangreichen Bilanz ihrer Reichtümer, denn bald stehen die einen, bald die anderen nicht zu unserer Verfügung, und zwar die effektiven Schätze ebensowenig wie diejenigen der Einbildungskraft, und für mich zum Beispiel, ganz wie die des einstigen Namens Guermantes, die noch so viel schwererwiegenden der wahren Erinnerung an meine Großmutter. Denn mit den Störungen des Gedächtnisses ist eine Intermittenz, ein Versagen auch des Her-

zens verbunden. Zweifellos verleitet uns die Existenz unseres Körpers, der uns wie ein Gefäß vorkommt, in dem unsere Geistigkeit eingeschlossen ruht, zu der Vermutung, daß alle Güter unseres Inneren, unsere vergangenen Freuden, unsere Schmerzen unaufhörlich sich in unserem Besitz befinden. (IV, 242)

Ebenso aber stammt auch von ihm eine «Psychologie der Zeit»:

Wie es eine Geometrie im Raume gibt, gibt es auch eine Psychologie in der Zeit, in der die Berechnungen einer Oberflächenpsychologie nicht mehr stimmen würden, weil man darin die Zeit und eine der Formen, die sie annimmt, nämlich das Vergessen, nicht genügend berücksichtigt hätte – das Vergessen, dessen Macht ich zu spüren begann und das ein so gewaltiges Werkzeug der Anpassung an die Wirklichkeit ist, weil es allmählich in uns die überlebende Vergangenheit zerstört, die zu jener in beständigem Widerspruch steht. Ich hätte wahrlich gut und gern früher schon erraten können, daß ich eines Tages Albertine nicht mehr lieben würde. Als ich an dem Unterschied in der Wichtigkeit, die ihre Person und ihre Handlungen einerseits für mich, andererseits für die anderen besaßen, begriffen hatte, daß meine Liebe weniger eine Liebe zu ihr als eine Liebe zu mir war, hätte ich verschiedene Folgerungen aus diesem subjektiven Charakter meiner Liebe ziehen können, zum Beispiel die, daß sie als ein Zustand meines Inneren eine geraume Zeit die Person, der sie galt, überleben konnte, aber auch, daß, da zwischen ihr und dieser Person kein wirkliches Band bestand und sie über keine Stütze außerhalb ihrer selbst verfügte, sie sich wie jeder Seelenzustand, auch der dauerhafteste, eines Tages außer Gebrauch gesetzt und «ersetzt» finden müsse, und daß an diesem Tage alles, was mich so innig und unaufhörlich mit der Erinnerung an Albertine verknüpft hatte, für mich nicht mehr existieren werde. Es ist das Unglück der anderen, daß sie in unserem Denken nur eine sehr brauchbare Unterlage für Sammelobjekte abgeben. Gerade deswegen gründet man Pläne auf sie, die die Intensität von Gedanken haben; doch Gedanken ermüden, die Erinnerung zerrinnt, und der Tag mußte kommen, da ich gern jeder beliebigen anderen Frau das Zimmer Albertines überlassen würde, wie ich ohne jeden Kummer Albertine die Achatkugel und andere Gaben Gilbertes zum Geschenk gemacht hatte. (VI, 222)

Woher aber stammt denn nun – um einmal bei der Liebe zu bleiben – diese zugleich klassische und neue Psychologie? Stellen wir zunächst fest, daß wir auch in *Swanns Welt* jenes Forschen des Liebenden nach etwaigen erotischen Beziehungen zwischen der Geliebten und anderen Frauen finden, das später das Grundthema der *Entflohenen* bilden wird. Swann verhört Odette mit den gleichen Worten, wie sie der Erzähler Albertine gegenüber verwendet, wir stoßen auf die gleichen Eingeständnisse, die hier wie da dieselben sind, ebenso wie auf die Verzweiflung des Liebenden, dem dieser Einbruch Gomorras in sein Leben etwas wie Eifersucht in zweiter Potenz verschafft:

– Odette, mein Liebes, sagte er zu mir, ich weiß, ich bin ein schrecklicher Mensch, aber ich muß dich einmal nach ein paar Dingen fragen. Du weißt doch, was für eine Idee ich damals über dich und Madame Verdurin hatte? Sage mir, ob es wahr ist, oder ob etwas Ähnliches mit einer anderen Frau gewesen ist.

Sie schüttelte den Kopf und preßte die Lippen zusammen, ein Zeichen, das viele Leute anwenden, um auszudrücken, daß sie nicht gehen werden, daß sie keine Lust haben, wenn jemand sie fragt: «Schauen Sie sich den Festzug an, gehen Sie zur Parade?» Aber da dies Kopfschütteln gewöhnlich für ein erst zukünftiges Ereignis verwendet wird, wirkt es als Verneinung von etwas Gewesenem merkwürdig unbestimmt. Außerdem erweckt es eher die Vorstellung von persönlicher Abneigung gegen das Thema als von einer eigentlichen Ablehnung oder moralischen Unmöglichkeit der Sache. Als Swann sah, daß Odette ihm mit dieser Art von Zeichen zu verstehen gab, es stimmte nicht, begriff er, daß es wahr sein könnte.

– Ich habe es dir ja gesagt, du weißt es doch, fügte sie mit betrübter, ja unglücklicher Miene hinzu.

– Ja, ich weiß, aber bist du auch ganz sicher? Sage nicht: «Du weißt es doch», sondern sage: «Ich habe niemals solche Dinge mit irgendeiner Frau getan.»

Wie eine Lektion wiederholte sie in ironischem Ton, als wolle sie ihn nur loswerden:

– Ich habe niemals solche Dinge mit irgendeiner Frau getan.

– Kannst du es mir bei deiner Medaille der Madonna di Laghetto schwören?

Swann wußte, daß Odette bei dieser Medaille niemals falsch schwören würde …

– Aber ich weiß es nicht mehr, rief sie wütend aus, vielleicht vor sehr langer Zeit einmal, ohne zu wissen, was ich tat, zwei- oder dreimal vielleicht.

Swann hatte alle Möglichkeiten ins Auge gefaßt. Die Wirklichkeit ist also etwas, was gar keine Beziehung zu den Möglichkeiten hat, nicht mehr als ein Messerstich, den wir empfangen, zu den über unserm Kopf dahinziehenden Wolken, da ja diese Worte: «zwei- oder dreimal», nichts als Worte, die in einer gewissen Entfernung in die Luft gesprochen wurden, einem so das Herz zerreißen konnten, als ob sie es wirklich träfen, und einen krank machten wie ein Gift, das man täglich schluckte …

– Liebes, sagte er zu ihr, es ist also gut; war etwas mit einer Person, die ich kenne?

– Aber nein, ich schwöre dir, übrigens glaube ich, ich habe übertrieben, es ist eigentlich nie so weit gekommen.

Er lächelte und fing von neuem an:

– Was willst du? Es macht mir gar nichts aus, nur schade, daß du mir

den Namen nicht sagen kannst. Wenn ich mir vorstellen könnte, mit wem es gewesen ist, würde ich gar nicht mehr an die Sache denken. Ich sage es nur deinetwegen, weil ich dich dann nicht mehr damit plagen würde. Es hat immer etwas Beruhigendes, wenn man sich die Dinge vorstellen kann! Unangenehm ist nur, was sich nicht ausmalen läßt. Aber du warst nun schon so nett, da will ich nicht weiter in dich dringen. Ich danke dir von ganzem Herzen für alles Liebe, was du mir tust. Es ist gut jetzt. Nur noch eine Frage: Wie lange liegt es zurück?

– Aber, Charles, siehst du denn nicht, wie du mich damit quälst! Das sind uralte Geschichten. Ich habe gar nicht mehr daran gedacht, es ist, als ob du mich mit Gewalt von neuem darauf bringen willst. Was du davon schon hättest, meinte sie unbewußt töricht, aber mit einer Bosheit, die nicht ohne Absicht war.

– Ich wollte ja nur wissen, ob es war, als du mich schon kanntest. Aber das wäre ja nur natürlich; war es hier im Hause? Du kannst mir nicht einen bestimmten Abend nennen, damit ich mir vorstellen kann, was da gerade war? Du mußt dir doch selber sagen, Odette, mein Liebes, es ist doch ausgeschlossen, daß du nicht mehr weißt, mit wem es war.

– Aber ich weiß es nicht mehr, ich glaube, es war einmal im Bois, wo du dann nachgekommen bist und uns auf der Insel getroffen hast. Du hattest bei der Prinzessin des Laumes zu Abend gegessen, fügte sie hinzu, froh, ein Detail beibringen zu können, welches für ihre Wahrhaftigkeit sprach. An einem Nachbartisch saß eine Frau, die ich sehr lange nicht gesehen hatte. Sie hat zu mir gesagt: «Kommen Sie doch mit mir da hinter den kleinen Felsen, man sieht dort so schön den Mondschein auf dem Wasser spielen.» Erst habe ich gegähnt und gesagt: «Ach nein, ich bin müde und fühle mich hier sehr wohl.» Da behauptete sie, ein so schöner Mondschein sei noch gar nicht gewesen. Ich habe geantwortet: «Alles Bluff!» Ich wußte gleich, was sie wollte. (I, 532–537)

Diese Bezugnahme auf Gomorra hat etwas so Betontes, sie kommt vergleichsweise derart häufig vor, daß wir uns fragen, ob sie nicht im Werke Prousts ein Symbol für etwas ganz anderes ist.

André Gide berichtet in seinem Tagebuch, Proust habe ihm eines Tages eingestanden und sich selbst zum Vorwurf gemacht, «eine gewisse Unentschiedenheit habe ihn, um dem heterosexuellen Teil seines Werkes mehr Substanz zu geben, bewogen, in dem Band *Im Schatten junger Mädchenblüte* alles das transponiert darzustellen, was immer seine homosexuellen Erinnerungen an Anmut, Zauber und Zärtlichkeit für ihn enthielten, so daß für *Sodom und Gomorra* nur das Groteske und Verworfene übriggeblieben sei. *Sodom und Gomorra* aber ist – ebensogut wie den anomalen Liebesbeziehungen eines Monsieur de Charlus – den normalen – oder doch wenigstens als solche dargestellten – des Erzählers zu Albertine gewidmet. Marcel Proust hat also auch hier eine Umsetzung vollzogen, wie er es für *Im Schatten junger Mädchenblüte* ausdrücklich zugegeben hat: Albertine hieß bekanntlich Albert. Manchmal übrigens verrät der Autor sich selbst, so zum Beispiel, wenn er bemerkt: *Der Hals Albertines, der ganz aus ihrem Hemd hervortrat, war mächtig, golden, kräftig gekrönt.* (IV, 795) Das hätte noch nichts zu bedeuten, trafe man nicht auch an anderer Stelle eine Bemerkung an über ihren kräftigen Hals, *den ich damals nie braun und nie fest genug im Gewebe fand, als ständen diese soliden Eigenschaften in irgendeiner Beziehung zu einer gewissen Güte und Ergebenheit im Wesen Albertines* (V, 112).

Wenn Proust auch André Gide gesteht, er habe «Frauen immer nur im Geiste geliebt und niemals wirkliche Liebe außer der zu Männern gekannt», so hat er deshalb noch nicht weniger auch auf diesem abseitigen Wege eine tiefe Kenntnis der traditionellen Liebe erworben – da die typische Lektion der Leidenschaft im wesentlichen in deren verschiedenen Manifestationen, mögen diese normal sein oder nicht, immer ziemlich dieselbe bleibt, so daß man, ohne Widersprüche zu schaffen, von der einen zur anderen übergehen kann. Albert(ine) hatte eine Veranlagung für das, was der Erzähler, wenn er von Lesbos spricht, das Laster nennt, nur insoweit, als er dem huldigte, was gerade kein Laster mehr war: der Liebe zum anderen Geschlecht. Gomorra ist hier nur eine neue Verkleidung von Sodom, das im Titel eingestanden, doch im Text vertuscht wird. Proust hatte recht, wenn er schrieb:

... *Hier aber war der Rivale nicht meiner Art, er führte andere Waffen, ich konnte nicht mit ihm auf gleicher Ebene kämpfen, Albertine nicht die gleichen Arten des Genusses verschaffen, ja ich konnte sie mir nicht einmal recht vorstellen.* (IV, 789)

Als er Albertine mit einem anderen Geschlecht versah, hat sich der Autor nicht, was auch André Gide darüber denken mochte, zu einer grundlegenden Umwandlung der Liebeswirklichkeit hergegeben. Alle Freuden und alle Leiden der Liebe gleichen sich, in welcher besonderen Art der Beziehungen diese Liebe sich auch kundtun mag. Deshalb bereichert Proust so gut wie Madame de Lafayette, Racine, Stendhal, Constant oder Flaubert unsere Kenntnis des menschlichen Herzens und zwar – trotz des äußeren Anscheins – auf derselben Ebene wie sie: kaum sogar fügt er seinen Analysen durch die Umsetzung noch ein weiteres Element hinzu. Die Naivität unseres Autors aber ist nur vorgespiegelt, wenn er schreibt, der Fall von Monsieur de Charlus unterstehe *alles in allem, mit jener leichten Differenzierung, die sich aus der Gleichheit des Geschlechts der beiden Partner ergibt, dennoch den allgemeinen Gesetzen der Liebe* (VII, 209).

Solange seine Mutter lebte, hütete sich Marcel Proust in allem, was er schrieb, vor jeder ausdrücklichen Anspielung auf Sodom und jene andere Seite des gleichen Lasters, Gomorra (von dem er in gleicher Weise besessen schien, aus Gründen, die, wie wir gesehen haben, mehr in der

André Gide

Maskierung als in der Symmetrie zu suchen sind). Zweifellos zeichnen sie sich oft in filigranfeinen Linien in *Jean Santeuil* ab, aber doch so stark transponiert, daß, wenn dieses Buch damals fertiggestellt und sofort erschienen wäre, niemand diesen Umstand wahrgenommen hätte. Schon hier jedoch erhalten lange Partien ihren wahren Sinn nur dann, wenn man an die Stelle des weiblichen Pronomens eben das männliche setzt. Als seine Mutter gestorben war, brauchte Proust für sie nicht mehr den sicherlich immensen Kummer zu befürchten, den er ihr durch eine Enthüllung dieses Aspektes seiner selbst, von dem sie dank seinem Vorgehen wohl niemals eine Ahnung gehabt haben wird, hätte bereiten müssen.

Zu Unrecht würde man daraus auf eine wirkliche Aussöhnung Prousts mit seiner Veranlagung schließen. In einem Text aus seiner Reifezeit, den André Maurois zum erstenmal veröffentlicht hat, händigt uns der Verfasser – unter dem Alibi einer Beschreibung des Falles Bergotte – den Schlüssel zu der Tatsache aus, daß in seinem Leben die edelsten

Kammerdiener Albert ...

Formen von moralischem Ehrgeiz mit faktischem Amoralismus nebeneinander bestanden.

«Sein Werk war sehr viel moralischer, sehr viel voreingenommener für das Gute als die reine Kunst, die mehr für Sünde und Zweifel voreingenommen ist und so weit geht, den einfachsten Dingen eine tödliche Traurigkeit beizugeben und den alltäglichsten Schritten gähnende Abgründe.

Aber sein Leben, sein Leben war sehr viel unmoralischer, sehr viel mehr dem Bösen und der Sünde zugeneigt, jedoch nicht in Skrupeln befangen, wie sie andere Menschen hemmen, sondern derart frei von Skrupeln, daß er Dinge tat, die weniger feinfühlige Menschen scheuen.

Und Leute, die – wie Legrandin – seine Bücher liebten und sein Leben kannten, konnten tatsächlich eine Art Komik entdecken, die sie durchaus jener Zeit zuschrieben; sie brauchten nur manches wunderbare Wort von äußerst delikater strenger Moral, an der gemessen das Leben der bedeutendsten Menschen geradezu oberflächlich und leichtfertig erschien, mit ein paar allbekannten Geschichten, mit ein paar skandalösen Situationen seines Lebens zu vergleichen. Und vielleicht war es tatsächlich ein Zeichen jener Zeit, daß die Künstler sich der schmerzlichen Sünde mehr bewußt und mehr zur Sünde verurteilt waren als die Künstler früherer Zeiten, die ihrem Leben in aller Öffentlichkeit abschworen, sich aus Eigenliebe auf den alten Ehrenstandpunkt, auf die alte Moral beriefen und ihr Verhalten als einen Vorstoß betrachteten. Andererseits lag es im Wesen ihrer Moral, das Gute darin zu sehen, daß sie sich des Bösen schmerzlich bewußt waren, daß sie es ergründeten und an ihm litten, aber nicht von ihm ließen. Wie gewisse morbide Erscheinungen auf zwei grundverschiedene Krankheiten zurückgeführt werden können, gibt es vielleicht rücksichtslose Bösewichte, die nicht, wie viele andere,

... und Chauffeur André, Freunde Marcel Prousts

aus Mangel an Sensibilität, sondern aus Übersensibilität böse sind. Die Verwunderung darüber, daß sie Kunstwerke hervorbrachten, die offensichtlich besonderes Feingefühl voraussetzen, obgleich sie zur ersten Gattung gehören, hält nicht mehr recht stand, sobald man dahinterleuchtet und feststellt, daß sie zur zweiten gehören ...»*

Auf Grund einer Umsetzung wiederum wird hier das Böse – oder vielleicht eher das unendlich schmerzliche, das nagende Bewußtsein des Bösen – zu dem einzigen Guten, für das sich diese kranke Seele befähigt hält, die zweifellos von ihrer jenseits aller literarischen Alchimistenkünste gelegenen wirklichen Noblesse nichts weiß. Es war dies sicher nicht das einzige Gute, dessen sie fähig war, da ja das Werk selbst aus diesem Bewußtsein hervorgehen und sich darüber erheben sollte. Ein Satz von George Eliot – den er sehr bewunderte –, schien Marcel Proust besonders schön: der, in dem die Romanschriftstellerin von den großen Werken spricht, die «es einem ermöglichen, die Verzweiflung an seinem eigenen Ich mit dem köstlichen Gefühl eines außerhalb davon gelegenen Lebens zu verbinden».

* Zitiert nach André Maurois: «Auf den Spuren von Marcel Proust». Hamburg 1956. S. 154

Der Tod

Schon in den Eingangsseiten von *Les Plaisirs et les Jours* * findet man, von der Feder des jungen Marcel Proust in enger Verbindung erfaßt, jene ernste Forderung, die man als sittliches Bewußtsein bezeichnet, und das Thema des Todes als ständige Gegenwart mitten im Herzen des Lebens:

Man geht so viele Verpflichtungen gegen das Leben ein, daß eine Stunde kommt, wo man in tiefer Entmutigung, sie jemals alle halten zu können, sich den Gräbern zuwendet und den Tod herbeiruft, den Tod, «der den Geschicken Hilfe bringt, die mühsam sich vollenden». Wenn uns aber der Tod von unseren Verpflichtungen dem Leben gegenüber entbindet, kann er uns doch nicht von jenen befreien, die wir uns selbst gegenüber eingegangen sind, jener ersten vor allem, die darin besteht, daß wir leben, um zu Wert und Würdigkeit zu gelangen.

Das ist zunächst der Tod der anderen, ebensogut aber auch unser eigener Tod in den Augen der anderen, der Tod Swanns zum Beispiel und die geringe Wichtigkeit, die das nahe bevorstehende, unvermeidliche Eintreten seines Endes für den Herzog und die Herzogin von Guermantes hat, obwohl diese beiden mit ihm befreundet sind.

Also sagen Sie mir jetzt ganz kurz den Grund, der Sie hindern könnte, mit uns nach Italien zu gehen? fragte die Herzogin, die sich erhob, um sich von uns zu verabschieden.

– Meine liebe Freundin, weil ich dann schon mehrere Monate tot sein werde. Nach der Meinung der Ärzte, die ich aufgesucht habe, wird mir am Ende des Jahres die Krankheit, an der ich leide und die mich im übrigen schon lange vorher dahinraffen kann, im besten Falle noch drei oder vier Monate zu leben übriglassen, das wäre sogar schon das Außerste, antwortete lächelnd Swann, während der Diener die Glastür des Vestibüls öffnete, um die Herzogin hindurchzulassen.

– Was sagen Sie da? rief die Herzogin, während sie eine Sekunde auf ihrem Gang zum Wagen innehielt und ihre schönen, schwermütigen blauen Augen mit einem Ausdruck der Unsicherheit zu ihm erhob. Zum ersten-

* In die deutsche Ausgabe (*Tage der Freuden*) offenbar nicht aufgenommen (Anm. d. Übers.)

mal in ihrem Leben zwischen drei so ganz verschiedenen Pflichten stehend wie der, in ihren Wagen zu steigen, um sich zu einer Dinereinladung zu begeben, und der, einem Sterbenden Mitleid zu bezeigen, fand sie in ihrem Kodex des richtigen Verhaltens keine Maxime, die sie anwenden konnte, und da sie nicht recht wußte, welcher von beiden sie den Vorrang geben sollte, hielt sie es für das beste, so zu tun, als glaube sie nicht daran, daß die zweite Alternative sich jemals stellen könne, um desto beruhigter der ersten folgen zu können, die im Augenblick weniger anstrengend war, und sah die beste Art, den Konflikt zu lösen, darin, ihn einfach zu negieren. – Sie wollen wohl scherzen? sagte sie zu Swann.

– Das wäre allerdings ein ganz reizender Scherz, gab Swann ironisch zurück. Ich weiß nicht, weshalb ich es Ihnen sage, ich habe bislang ja hier noch nie von meiner Krankheit gesprochen, aber da Sie mich danach fragen und ich jetzt von einem Tag auf den andern sterben kann ... doch vor allem möchte ich nicht, daß Sie sich verspäten, Sie sind zum Diner eingeladen, setzte er hinzu, weil er wußte, daß für die anderen ihre eigenen mondänen Verpflichtungen dem Tode eines Freundes vorgehen, und er sich aus Höflichkeit an ihre Stelle versetzte. Aber auch der Standpunkt der Herzogin gestattete ihr, undeutlich zu spüren, daß das Diner, zu dem sie ging, für Swann wohl weniger zählen mochte als sein eigener Tod ... (III, 863–866)

Die berühmten Seiten über den Schlaganfall, die Agonie und den Tod der Großmutter des Erzählers bieten Proust Gelegenheit für eine um so ergreifendere Betrachtung, als er in Wirklichkeit, wie man sehr wohl spürt, von der «Gegenwart» seines eigenen Todes spricht:

Wir sagen wohl, die Stunde des Todes sei ungewiß, aber wenn wir es sagen, stellen wir uns diese Stunde in weiter, vager Ferne vor, wir denken nicht daran, daß sie irgendeine Beziehung zu dem bereits begonnenen Tage haben und daß der Tod – oder sein erster partieller Zugriff, nach dem er uns nicht mehr loslassen wird – am gleichen Nachmittag noch erfolgen könne, der uns so gar nicht ungewiß schien, für den der Gebrauch der Stunden bereits im voraus festgelegt war. Man hält an seinem Spaziergang fest, um im Moment die erforderliche Menge an frischer Luft zusammenzubekommen, man hat sich bei der Wahl des Mantels verweilt, den man mitnehmen will, oder des Kutschers, der geholt werden soll, man sitzt im Wagen, der Tag liegt vor einem und erscheint kurz aus dem Grunde, weil man zur Zeit wieder zu Hause sein möchte, um eine Freundin zu empfangen; man wünschte, es wäre morgen schön, und man ahnt nicht, daß der Tod, der auf einer anderen Ebene schon selbst in einem wohnt inmitten undurchdringlicher Dunkelheit, gerade diesen Tag für seinen Auftritt gewählt hat, die nächsten Minuten schon, in denen der Wagen die Champs-Élysées erreicht haben wird. Vielleicht werden diejenigen, die von Grauen vor dem Tode in seiner Besonderheit heimgesucht sind, etwas Beruhigendes in dieser Art von Tod sehen – dieser Form des ersten Kontakts mit

dem Tode –, weil er dabei ein bekanntes, vertrautes, alltägliches Aussehen bekommt. Ein gutes Mittagsmahl ist ihm vorausgegangen und eine gleiche Ausfahrt, wie Gesunde sie unternehmen. Eine Rückkehr im offenen Wagen folgt auf seine erste Attacke; wie krank auch meine Großmutter war, schließlich hätten mehrere Personen sagen können, daß sie sie um sechs Uhr, als wir von den Champs-Élysées zurückkamen, gegrüßt hätten und daß sie bei herrlichem Wetter im offenen Wagen vorübergefahren sei. Legrandin, der auf die Place de la Concorde zuging, zog vor uns den Hut, während er mit verwunderter Miene auf der Straße stehen blieb. Ich, der ich noch nicht vom Leben Abschied genommen hatte, fragte meine Großmutter, ob sie ihm gedankt habe, und erinnerte sie daran, wie empfindlich er sei. Meine Großmutter, die mich sicher sehr leichtfertig fand, hob die Hand, als wolle sie sagen: «Was macht es schon aus? Darauf kommt es doch gar nicht an». … (III, 460–462)

In einem Artikel über Baudelaire, den Proust wenige Monate vor seinem Tode verfaßte, beschwört er das Bild des Todes durch ein paar ergreifende Hinweise herauf: *Victor Hugo hat unaufhörlich vom Tode gesprochen, aber mit der Gelassenheit eines starken Essers und eines großen Genießers. Vielleicht muß man – ach! – den nahen Tod in sich selbst schon tragen, vom Verlust der Sprache bedroht sein wie Baudelaire, um jene Hellsichtigkeit im wahren Leiden, jenen Ton von Religiosität in satanischen Dichtungen zu haben, vielleicht muß man dazu bereits die tödlichen Müdigkeiten erlebt haben, die dem Tode vorauszugehen pflegen ...*, und er vertieft sich darauf noch weiterhin in die Fälle jener Kranken, *eines Baudelaire oder besser noch eines Dostojevskij, die in dreißig Jahren, zwischen epileptischen und sonstigen Anfällen, alles das schaffen, wovon eine ganze Phalanx bei bester Gesundheit befindlicher Künstler nicht einmal einen Absatz zustande gebracht haben würde ...*

Wie sein Bergotte ging er nicht mehr aus dem Haus, und *wenn er eine Stunde in seinem Zimmer aufstand, so nur in Schals und Plaids, in alles eingehüllt, womit man sich bedeckt, wenn man sich großer Kälte aussetzen oder in die Eisenbahn einsteigen will. Er entschuldigte sich deswegen bei den wenigen Freunden, die er noch zu sich vorließ, und bemerkte heiter, indem er auf Tartans und Decken wies: «Was wollen Sie, mein Lieber, schon Anaxagoras hat gesagt, das Leben sei eine Reise.» So kühlte er fortschreitend immer mehr aus, ein kleinerer Planet, der ein vorweggenommenes Bild des anderen, großen bot zu dem Zeitpunkt, wenn nach und nach zuerst die Wärme und endlich auch das Leben sich aus der Erde zurückziehen wird ...* (III, 272)

Und vielleicht entdeckte er auch den Tod unter einem ungewöhnlichen Aspekt, denn sehr oft *wendet sich ... das Denken der Sterbenden ganz nach der Seite zu, in der dunkel und innerlich der Schmerz sitzt, nach jener Seite des Todes, die er ihnen in ihrem besonderen Falle zukehrt, die er sie grausam spüren läßt und die vielmehr einer Last gleicht, unter der sie schließlich zusammenbrechen, nämlich der Schwierigkeit zu atmen, einem Bedürfnis zu trinken, als dem, was wir gemeinhin als die «Idee des Todes» bezeichnen.* (I, 126)

Die Idee des Todes nistete sich endgültig in mir ein wie eine Liebe. Nicht daß ich den Tod etwa liebte, ich haßte ihn vielmehr. Aber nachdem ich zweifellos von Zeit zu Zeit an ihn gedacht hatte wie an eine Frau, die man noch nicht liebt, haftete das Denken an ihn jetzt so vollständig in der tiefsten Schicht meines Gehirns, daß ich mich mit keiner Sache beschäftigen konnte, ohne daß diese erst durch die Idee des Todes hindurchgegangen wäre, und selbst wenn ich mich mit nichts beschäftigte und mich völliger Ruhe hingab, leistete mir die Idee des Todes so unaufhörlich Gesellschaft wie die Vorstellung von meinem Ich. Ich glaube nicht, daß an dem Tage, an dem ich ein Halbtoter geworden war, die äußeren Zufälle, die dazu führten, die Unfähigkeit, eine Treppe hinabzusteigen, mir einen Namen ins Gedächtnis zu rufen, mich zu erheben, durch eine auch nur unbe-

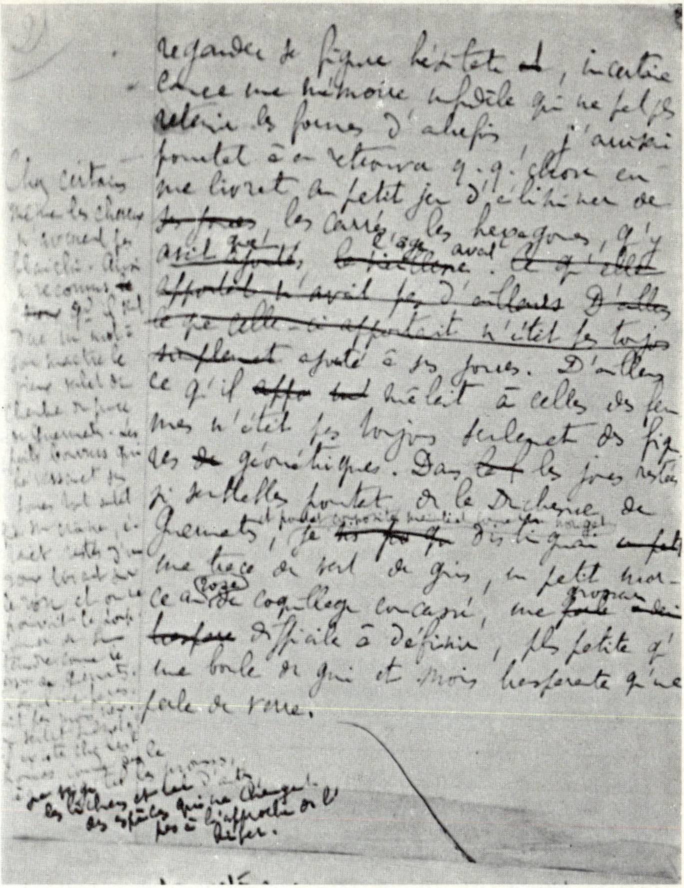

Aus dem Manuskript des Romans «Die wiedergefundene Zeit»

wußte Logik die Idee des Todes und die, daß ich selbst schon fast tot war, herbeigezogen hatten, sondern daß das alles vielmehr zusammen eingetreten war, daß unausweichlich der große Spiegel des Geistes eine neue Wirklichkeit auf mich zurückstrahlen ließ. Gleichwohl sah ich nicht, wie man von den Übeln, die mich befallen hatten, ohne nochmalige Warnung zum vollendeten Tod übergehen könnte. Da aber dachte ich an die anderen, an alle diejenigen, die jeden Tag sterben, ohne daß der Hiatus zwischen ihrer Krankheit und ihrem Tode uns ungewöhnlich erscheint. Ich dachte sogar, daß nur, weil ich sie selbst von innen her sah (mehr noch infolge der Täuschungsversuche der Hoffnung), gewisse Formen des Unbehagens mir, jede für sich betrachtet, nicht tödlich schienen, obwohl ich an meinen Tod glaubte, genauso wie diejenigen, die am stärksten überzeugt sind, daß ihre Zeit abgelaufen ist, sich dennoch leicht überreden lassen, ihre Unfähigkeit, gewisse Wörter auszusprechen, habe nichts mit einem Schlaganfall, mit Aphasie zu tun, sondern müsse von einer Ermüdung der Zunge, einem dem Stottern ähnlichen Nervenzustand oder der auf eine Verdauungsstörung folgenden Erschöpfung herrühren. (VII, 555)

Folgendermaßen aber beschreibt er gelegentlich einmal sich selbst:

Ich, das seltsame menschliche Wesen, das, während es darauf wartet, daß der Tod es erlöst, bei geschlossenen Fensterläden, abgeschieden von der Welt, unbeweglich wie eine Eule lebt und wie jene einigermaßen klar nur im Dunkel sieht. (IV, 580)

Seit langem schon geht er nicht mehr – oder fast nicht mehr – aus. Wenige Monate vor seinem Tod jedoch verläßt Marcel Proust, um einen Vermeer, den er geliebt hat, wiederzusehen, eines Morgens seine Klause und begibt sich in Gesellschaft von Jean-Louis Vaudoyer zu einer Ausstellung im Musée du Jeu de Paume. Er wird dort von einer Übelkeit befallen, die er nachträglich auf eine Verdauungsstörung schiebt, die ihn aber im Augenblick selbst noch tiefer, wenn auch nicht unmittelbar mit dem Tode, den offenbar kein Lebender kennenlernen kann, so doch mit seinem Herannahen vertraut macht in Gestalt jener Leidensregion, die unmittelbar vor dem Ende liegt. Sobald er sich besser fühlt, macht er sich diese «Erfahrung des Todes» zunutze, um den folgenden Abschnitt niederzuschreiben, der ihm, nach dem außergewöhnlichen Fehlen von Verbesserungen und Strichen im Manuskript zu urteilen, in einem Zuge in die Feder geflossen sein muß:

Bergotte starb unter den folgenden Umständen: Ein verhältnismäßig leichter Anfall von Urämie war die Ursache, daß ihm Ruhe verordnet worden war. Aber ein Kritiker hatte geschrieben, daß Vermeers «Ansicht von Delft» (die das Museum im Haag für eine Ausstellung holländischer Kunst leihweise zur Verfügung gestellt hatte), ein Bild, das er liebte und sehr gut zu kennen meinte, eine kleine gelbe Mauerecke (an die er sich nicht erinnerte) enthalte, die so gut gemalt sei, daß sie, allein für sich betrachtet, einem kostbaren chinesischen Kunstwerk gleichkomme, von einer Schönheit, die sich selbst genüge; Bergotte aß daraufhin nur ein paar Kartoffeln, verließ das Haus und trat in den Ausstellungssaal. Schon auf den ersten Stufen, die er zu ersteigen hatte, wurde er von Schwindel erfaßt. Er ging an mehreren Bildern vorbei und hatte einen Eindruck von Kälte und Zwecklosigkeit angesichts einer Kunst, die nur künstlich war und nicht gegen das Fluten von Luft und Sonne in einem venezianischen Palast oder einem einfachen Haus am Meeresufer aufkommen konnte. Endlich stand er vor dem Vermeer, den er strahlender in Erinnerung hatte, noch verschiedener von allem, was er sonst kannte, auf dem er aber dank dem Artikel des Kritikers, zum erstenmal kleine blaugekleidete Figürchen erkannte, ferner feststellte, daß der Sand rosig gefärbt war, und endlich auch die kostbare Materie des ganz kleinen gelben Mauerstücks entdeckte. Das Schwindelgefühl nahm zu: er heftete seine Blicke – wie ein Kind auf einen gelben Schmetterling, den es gern festhalten möchte – auf die kostbare kleine Mauerecke. «So hätte ich schreiben sollen», sagte er sich. «Meine letzten Bücher sind zu trocken, ich hätte mehrere Farbschichten auftragen, meine Sprache in sich selbst so kostbar machen sollen, wie diese kleine gelbe Mauerecke es ist.» Indessen entging ihm die Schwere seiner Benommenheit nicht. In einer himmlischen Waage sah er auf der einen Seite sein eigenes Leben, während die andere Schale die kleine so trefflich gemalte Mauerecke enthielt. Er spürte, daß er unvorsichtigerweise das erste für die zweite hingegeben hatte. «Ich möchte dabei doch nicht», sagte er sich, «für die Abendzeitungen die Sensation dieser Ausstellung sein.»

Er sprach mehrmals vor sich hin: «Kleine gelbe Mauerecke mit einem Schutzdach darüber, kleine gelbe Mauerecke.» Im gleichen Augenblick sank er auf ein Rundsofa nieder; ebenso rasch dachte er schon nicht mehr, daß sein Leben auf dem Spiel stehen, sondern in wiederkehrendem Optimismus beruhigte er sich: «Es ist eine einfache kleine Verdauungsstörung, die Kartoffeln waren nicht ganz gar, es ist weiter nichts.» Ein neuer Schlag streckte ihn hin, er rollte vom Sofa auf den Boden, wo die hinzueilenden Besucher und Aufseher ihn umstanden. Er war tot. Tot für immer? Wer kann es sagen. Gewiß erbringen spiritistische Experimente nicht deutlicher als religiöse Dogmen den Beweis für das Fortleben der Seele. Man kann nur sagen, daß alles in unserem Leben sich so vollzieht, als träten wir bereits mit der Last in einem früheren Dasein übernommener Verpflichtungen in das derzeitige ein; es besteht kein Grund in den Bedingungen unseres Erdendaseins selbst, weshalb wir uns für verpflichtet halten, das Gute zu tun, ja, auch nur höflich zu sein; auch nicht für den Künstler, der nicht an Gott glaubt, weshalb er sich gedrungen fühlen soll, zwanzigmal ein Werk von neuem zu beginnen, dessen Bewunderung seinem von Würmern zerfressenen Leib wenig ausmachen wird, ebensowenig wie die gelbe Mauerecke, die mit so viel Können und letzter Verfeinerung ein auf alle Zeiten unbekannter und nur notdürftig unter dem Namen Vermeer identifizierter Maler einmal geschaffen hat. Alle diese Verpflichtungen, die im gegenwärtigen Dasein nicht hinlänglich begründet sind, scheinen einer anderen, auf Güte, auf Gewissenhaftigkeit, auf Opferbereitschaft basierenden Welt anzugehören, einer Welt, die vollkommen anders als unsere hiesige ist, aus der wir aber gekommen sind, um auf dieser Erde geboren zu werden, bevor wir vielleicht in jene zurückkehren, um wieder unter der Herrschaft jener unbekannten Gesetze weiterzuleben, denen wir gehorchen, weil wir ihr Gebot in uns trugen, ohne zu wissen, wer es dort

Marcel Proust einige Monate vor seinem Tod

eingeschrieben hat – Gesetze, denen alle vertiefte Arbeit des Geistes uns näherbringt und die unsichtbar – vielleicht nicht einmal das! – einzig den Narren bleiben. Der Gedanke, Bergotte sei nicht für alle Zeiten tot, ist demnach nicht völlig unglaubhaft.

Er wurde begraben, aber während der ganzen Trauernacht wachten in den beleuchteten Schaufenstern seine jeweils zu dreien angeordneten Bücher wie Engel mit entfalteten Flügeln und schienen ein Symbol der Auferstehung dessen, der nicht mehr war. (V, 276–278)

Tot für immer? Wer kann es sagen ... Ganz am Anfang von *Swanns Welt* finden wir einen ganz ähnlichen Satz: *Tot für immer? Vielleicht ...*, der sich aber dort auf eine nicht mehr lebendige Erinnerung bezieht. Hier wie dort jedoch handelt es sich um den Tod. Eines der Themen von *Auf der Suche nach der verlorenen Zeit* ist jenes: *Wir sterben alle Tage!*, das in immer sich wandelnder Form Prousts ganzes Werk durchzieht:

Man glaubt, daß man nach seinem Wunsch und Willen die Dinge um sich her ändern kann, man glaubt es, weil man außerhalb davon keine günstige Lösung sieht. Man denkt nicht an die, die sich am häufigsten einstellt und die in der Tat auch die günstigste ist: wir gelangen nicht dazu, die Dinge nach unseren Wünschen zu ändern, aber ganz allmählich macht unser eigenes Wünschen eine Wandlung durch. Die Situation, die wir zu ändern hofften, weil sie uns unerträglich war, wird dann uninteressant für uns. Wir haben das Hindernis zwar nicht überwinden können, wie wir es durchaus wollten, aber das Leben hat uns dazu geführt, es zu umgehen, daran vorbeizugleiten, und wenden wir uns dann wieder nach der Ferne der Vergangenheit zurück, vermögen wir es kaum zu bemerken, so wenig ist es noch wahrnehmbar für uns. (VI, 59)

Einzig, sagte ich mir, mein wirklicher, eigener Tod würde imstande sein (aber er ist ja unmöglich), mich über den ihren zu trösten. Ich dachte nicht daran, daß der Tod an sich weder unmöglich noch außergewöhnlich ist; er erfüllt sich, uns unbewußt, notfalls gegen unseren Willen, jeden einzelnen Tag ... (VI, 109–110)

Nicht, weil die anderen tot sind, läßt unsere Zuneigung zu ihnen nach, sondern weil wir selbst sterben. (VI, 282)

Soweit solche Behauptungen der Wahrheit seines Innern entsprechen, kann man sagen, daß Marcel Proust nicht glaubte. Das hindert ihn aber nicht, sich wie jeder andere auch die Frage nach einer möglichen Existenz in einer anderen Welt vorzulegen – manchmal sogar, wie wir gesehen haben, unter dem Druck der Angst. Diese hielt ihn übrigens die meiste Zeit nicht in ihrem Bann, er legte in dieser Hinsicht eher die leidenschaftslose Objektivität des naturwissenschaftlichen Milieus, in dem er gelebt hatte (Vater und Bruder waren bekanntlich alle beide Ärzte) an den Tag. Die folgenden zwei Stellen enden jedoch entweder bei dem Ausdruck einer vagen Hoffnung oder aber bei der stets gleichen angsterfüllten Frage:

Vielleicht ist das Nichts das Wahre, und all unser Träumen hat kein wirkliches Sein; dann aber wissen wir aus dem Gefühl, daß diese musikalischen Ideen (ein gewisses Motiv aus Tristan, das kleine Thema Vinteuils) und alles, was in Beziehung auf sie entsteht, ebenfalls nichts ist. Wir gehen dahin, doch als Geiseln haben wir diese Gefangenen göttlichen Geschlechts, die unser Schicksal teilen. Der Tod mit ihnen aber hat weniger Bitternis, ist weniger ruhmlos, ja vielleicht nicht ganz so wahrscheinlich mehr. (I, 515–516)

Wir traten in das Krankenzimmer ein. Tief vornübergebeugt röchelte, wimmerte dort ein anderes Wesen als meine Großmutter, eine Art von Tier, das ihr Haar angelegt zu haben und unter ihren Bettdecken zu liegen schien, die sie mit krampfartigen Bewegungen hin und her bewegte. Ihre Augenlider waren gesenkt, und nur weil sie schlecht schlossen, nicht aber, weil sie sich öffneten, nahm man ein Stückchen Augapfel wahr, verschleiert, triefend, das Dunkel einer ganz ins Körperinnere gerichteten Schau und eines ihm innewohnenden Leidens spiegelnd. Ihr unruhiges Erregtsein richtete sich nicht an uns, die sie nicht sah und nicht kannte. Aber wenn wir nur ein tierhaftes Lebewesen vor uns hatten, wo war meine Großmutter dann? (III, 491)

Es kommt auch vor, daß er sich seine Wiedervereinigung mit der verstorbenen Albertine «in einer anderen Welt» vorstellte. Da aber ist er *entsetzt bei dem Gedanken, daß, wenn die Toten noch irgendwo leben, ebensowohl seine Großmutter um sein Vergessen wie Albertine um sein Gedenken wüßte* (VI, 150).

Nicht lange aber läßt er sich durch solche Träumereien einlullen, denn *Wünsche vermögen viel, sie erzeugen Glauben*, lautet seine Erfahrung. (VI, 151)

Mein Verlangen, durch den Tod nicht von mir selbst getrennt zu werden, das heißt, nach dem Tode wieder aufzuerstehen, war nicht wie das Verlangen, nie von Albertine getrennt zu werden, sondern hielt beständig an. Lag das wohl daran, daß ich mich für kostbarer hielt als sie, daß ich, wenn ich sie liebte, mir selber dennoch teurer war? Nein, sondern es kam daher, daß ich, als ich aufhörte, sie zu sehen, auch sie zu lieben aufgehört hatte, nicht jedoch, auch weiterhin mich zu lieben, da ja das tägliche Band zu mir selbst nicht zerrissen war wie das, welches mich an Albertine geknüpft hatte. Aber wenn die, die mich mit meinem Körper verbanden, es nun ebenfalls wären …? Sicher würde es mit ihnen genauso sein. Unsere Liebe zum Leben ist nur eine alte Liaison, von der wir nicht loskommen können. Ihre Kraft beruht auf ihrer Beständigkeit, aber der Tod, der sie zerstört, wird uns auch von dem Verlangen nach Unsterblichkeit heilen. (VI, 358f)

An seine alte Freundin Madame C. schrieb Proust – und zwar diesmal in seinem eigenen Namen –: *In Stunden, in denen ich der jüngsten – und dabei doch so alten – Philosophie anhänge, welche will, daß die See-*

Die letzten Aufzeichnungen

len weiterleben, wende ich mich zu ihr (seiner verstorbenen Mutter), *damit sie auch von allem weiß, was ich Ihnen sage, von allem, was sie Ihnen verdankt ...* (*Lettres à Madame C ...*, 199) Alle Gründe, nicht zu glauben, die es für ihn gibt, setzten sich, wenn sie auch die stärkeren in ihm waren, niemals völlig bei ihm durch. Marcel Proust gehört zu dem mir wohlbekannten Menschentyp derer, die ich als Gläubige ohne Glauben bezeichne. Insofern das Verlangen nach ihm erst den Glauben erzeugt, scheint der Glaube ihnen trügerisch, ohne daß dabei gleichwohl die unbekannte Bedeutung dieses Verlangens betroffen wird. Wenn sie nicht mit gutem Gewissen dem Übernatürlichen eine Wirklichkeit zuerkennen können, kommt ihnen doch andererseits eine vom Übernatürlichen entblößte Wirklichkeit unvollständig vor. In ihrem Wesen besteht gleichsam eine Leere, die nur der Glaube auszufüllen vermöchte, sie aber fühlen sich nicht befugt, irgendeine Gewißheit, ja auch nur die mindeste Hoffnung an diese Stelle zu setzen. Diese Leere aber stellt gleichwohl eine Art Hohlform des Glaubens, den Negativabdruck der fehlenden Gewißheit dar; man kann sich nur schwer denken, daß beide nicht dennoch für sie einen Sinn haben sollten. Marcel Proust schreibt an Georges de Lauris:

Ich bin nicht wie Sie, ich finde es nicht zu schwierig, mein Leben auszufüllen, und welchen Taumel, welchen Rausch würde es bedeuten, wenn ein unsterbliches Dasein mir gesichert wäre! Wie können Sie nur wirklich – ich will nicht einmal sagen: nicht glauben, denn daß etwas erwünscht ist, bewirkt noch nicht, daß man daran glaubt – auch noch darüber Genugtuung empfinden (ich meine nicht die intellektuelle Befriedigung, die man hat, wenn man die Wahrheit einer barmherzigen Lüge vorzieht); wäre es nicht tröstlich, alle die, die man verlassen hat und noch verlassen wird, unter einem anderen Himmel in den vergeblich verheißenden und umsonst erwarteten Gefilden endlich wiederzufinden? Und dann sich selbst zu verwirklichen! ... Ich habe Sie niemals gefragt, ob Ihre Mutter fromm war, ob sie den Trost des Gebetes hatte. Das Leben ist so gräßlich, daß wir alle schließlich dort hingelangen sollten; doch ach, bloßes Wollen reicht hier nicht aus ... (*À un ami*, 75, 90)

Wesen dieser Art haben den Glauben nicht, aber sie leiden darunter. An ihrer Unruhe erkennt man sie. Was ihnen bleibt, ist Ehre an Stelle von Glück – und ihre Arbeit. Wir zitieren hier noch einen anderen wundervollen Brief an Georges de Lauris:

Georges, wenn Sie können, arbeiten Sie. Ruskin hat irgendwo etwas ganz Erhabenes gesagt, was wir uns alle Tage wieder bewußt machen sollten, wenn er auf die beiden großen Gebote Gottes hinweist (das zweite ist fast ganz von ihm, aber das macht ja nichts): «Wirket, solange es Tag ist» und «Seid barmherzig, solange noch Barmherzigkeit in euch wohnt» ...*

* Ev. Joh. 9, 4: «Ich muß wirken ... solange es Tag ist.» (Anm. d. Übers.)

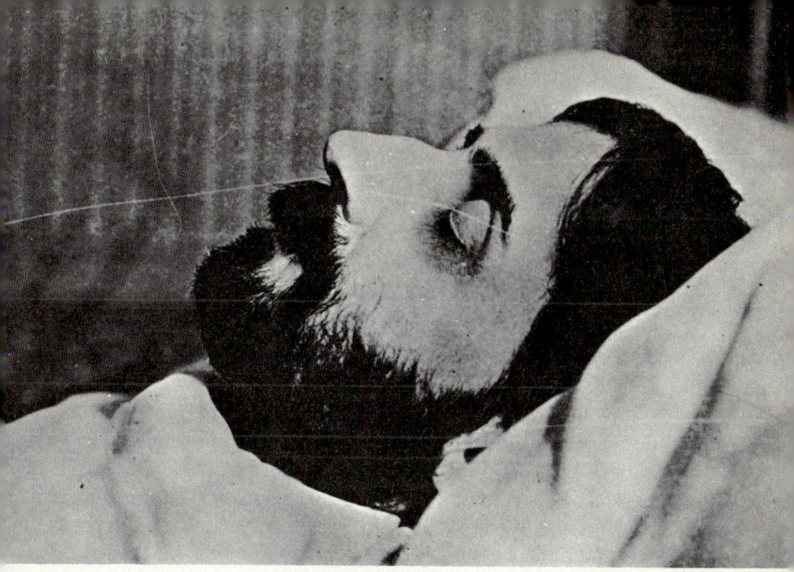

Auf das erste dieser Gebote, das dem Johannesevangelium entnommen ist, folgt der Satz: ... «es kommt die Nacht, da niemand wirken kann» (ich zitiere vielleicht ungenau). Ich, Georges, stehe schon halb in dieser Nacht, obwohl es gelegentlich nicht so scheint, Sie aber haben noch lange Jahre vor sich, also arbeiten Sie. Wenn dann das Leben Widrigkeiten bringt, tröstet man sich darüber, denn das wahre Leben ist anderswo, nicht im Leben selbst noch darnach, sondern außerhalb davon, soweit eine Bezeichnung, die aus dem Räumlichen stammt, in einer Welt noch Sinn hat, die ja gerade frei davon ist. (Ebd., 147–148)

Dem entspricht auch am Ende des Bandes *Die verlorene Zeit* die Erkenntnis des Erzählers, der endlich den Gegenstand seines Werkes gefunden hat und es zu schreiben entschlossen ist:

Ja, diese Idee der Zeit, die ich mir gebildet hatte, sagte mir, es sei Zeit, mich an dies Werk zu machen. Es war höchste Zeit; aber, und das rechtfertigt die Angst, die sich meiner gleich beim Eintreten in den Salon bemächtigt hatte, als die geschminkten Gesichter mir den Begriff der verlorenen Zeit vermittelten, war es wirklich noch Zeit, und war ich selbst noch imstande dazu? Der Geist hat seine Landschaften, deren Betrachtung ihm nur eine Zeitlang gestattet ist. Ich hatte gelebt wie ein Maler, der einen Weg erklimmt, unter dem ein See sich breitet, dessen Anblick ihm ein Vorhang aus Felsen und Bäumen verbirgt. Durch einen Zwischenraum sieht er ihn ganz und gar vor sich liegen und greift zu seinem Pinsel. Aber da kommt auch schon die Nacht, in der er nicht mehr malen kann und hinter der kein Tag sich wieder erhebt. (VII, 543–544)

Wir selbst in der Sicht Marcel Prousts

Schon auf den ersten Seiten jener Skizze für *Auf der Suche nach der verlorenen Zeit*, die wir in *Jean Santeuil* zu sehen haben, rollt Marcel Proust das Problem auf, dessen Erhellung ihn auch weiterhin sein ganzes Denken hindurch beschäftigen wird: «In welchem Umfange war er (der Schriftsteller C., den Proust für den Autor von *Jean Santeuil* ausgibt) in dem ‹enthalten›, was er schrieb?» Diese Frage beantwortet der Verfasser der Einleitung (der nicht der gleiche wie der des Romans sein soll) zugleich in seinem Namen und in dem eines Freundes mit dem Bemerken, die aus diesem Problem sich ergebenden Fragen interessierten sie beide brennender als alles andere:

Wir meinten, unser Leben, sofern wir es ganz ihrer Lösung widmeten, gar nicht schlecht zu verwenden, weil es damit ganz und gar der Erkenntnis von Dingen, die wir über alles lieben, dienen und wir selbst dadurch verstehen würden, welches die geheimen Beziehungen, die notwendigen Metamorphosen zwischen dem Leben des Schriftstellers und seinem Werke sind, zwischen Wirklichkeit und Kunst, oder vielmehr, wie die Dinge uns damals erschienen, zwischen dem äußeren Schein des Lebens und der Wirklichkeit selbst, die den unwandelbaren Untergrund dafür abgab, der durch die Kunst erst freigelegt wurde. (J. S. I, 54)

Wie Balzac sich mehr oder weniger mit Louis Lambert, mit Rastignac oder Rubempré identifiziert, «ist» Proust bis zu einem gewissen Grade Swann, Saint-Loup, Bergotte. Doch die autobiographischen Elemente präsentieren sich im zweiten Falle in sehr viel reinerer Form als im ersten. Marcel Proust ist ein großer Romancier, der ebensogut wie Balzac über die Kunst der Umsetzung verfügt, aber er ist stärker von den Geheimnissen seines Innern besessen, die bei ihm immer eine Neigung zeigen, ohne alle Verkleidung bis dicht an die Oberfläche des Romans emporzutauchen. Daher kommt es bei ihm vor, daß er, wie wir schon gelegentlich feststellen konnten, einem seiner Helden Gedanken oder Handlungen zuschreibt, die weniger mit dessen Natur in Einklang stehen als vielmehr mit seiner eigenen, oder etwas mißbräuchlich von einer nur äußerlich wahrgenommenen Person zu dem Erzähler hinübergleitet, der alles von innen her kennt. Balzac, das ist die menschliche Komödie (oder Tragödie); Proust hingegen die Tragödie (oder Komödie) eines

Menschen. Denn in der «Menschlichen Komödie» gab es jenen Erzähler nicht, der in Prousts Romanwerk im Mittelpunkt steht als eine im wesentlichen wenig romanhaft ausgestaltete Figur, die zum großen Teil Proust selbst vertritt. Indem wir jedoch in dieser Weise hinter den Themen, die er in seiner Erzählung aufklingen läßt, Proust selbst wiederfinden, begegnen wir zugleich in ihm auch uns selbst – eine Konfrontation, zu der Balzac nur selten Gelegenheit gegeben hat.

Denn so vortrefflich hat Proust gewisse, bis dahin im Dunkel verborgene oder nur trügerisch erhellte Phänomene des Innenlebens formal zu beschreiben gewußt, daß wir sie auf der Stelle als die unseren erkennen, ja, uns sogar wundern, daß wir sie nicht seit langem schon aus uns herausgestellt haben. Dadurch regt der Autor in ungewöhnlicher Weise unser Gedächtnis an. Zunächst haben uns einige Tage der Lektüre ganz natürlicherweise nur Marcel Proust offenbart, dann aber ersteht vor uns ein neues Bild von uns selbst. Unser vergangenes Leben scheint uns aus unbekannten Fragmenten gemacht, die seinen Sinn sowie auch die Lehre verwandelt erscheinen lassen, welche wir aus ihm ziehen: diese veränderte Beleuchtung ergibt nun in gleicher Weise neue Bilder, als wenn es uns nachträglich noch gestattet wäre, Szenen zu fotografieren, die wir im Augenblick haben vorübergehen lassen, ohne ihre flüchtige Gegenwart auf die Platte zu bannen, so daß wir – es ergibt sich daraus kein Paradoxon – die Züge eines Proustschen Selbstporträts, genauso wahrheitsgemäß aber auch die eines von Proust geschaffenen Abbildes unserer selbst dabei fixieren können.

Je mehr ein Schriftsteller in uns den Eindruck erweckt, er habe genau eine Seelennuance «getroffen», die ihm und uns gemeinsam ist, desto bereitwilliger bezeichnen wir ihn als «groß». Die Neuheit der Sicht, die er von den Dingen hat, mag uns diese zunächst noch nicht ganz erkennbar machen – wir haben gesehen, daß Marcel Proust das Vorhandensein dieser Phase des Nichtbegreifens gut kannte und gewiß nicht überrascht sein konnte, selbst einmal das Objekt davon zu werden – aber mehr oder weniger schnell kommt dann doch der Moment, wo diese Koinzidenz zwischen dem, was der Autor beschreibt, und dem, was wir selbst erlebt haben, sich als so akkurat erweist, daß sie uns vollkommen überzeugt. Man braucht nur aufs Geratewohl irgendeinen der Bände von *Auf der Suche nach der verlorenen Zeit* aufzuschlagen, um diesen mit einer Art von Genugtuung verbundenen Eindruck der Erlebnisgleichheit daraus zu gewinnen. Je neuartiger die Beobachtung ist, je subtiler sie sich in Worten ausdrückt, desto unbestreitbarer scheint sie uns, desto vollkommener in jeder Einzelheit einem Modell nachgestaltet, dessen Abdruck offenbar in uns schon zuvor existierte, so daß wir nur die Ähnlichkeit feststellen und uns an ihr freuen können. Man könnte leicht eine Fülle von Beispielen anführen; ich lasse nur einige folgen.

Weil Madame Verdurin sich in den Dienst von Swanns Liebe zu Odette de Crécy gestellt hat, läßt dieser unbewußt eine etwas selbstbezogene Dankbarkeit seinen Verstand überwuchern und Einfluß auf seine Ideen gewinnen, woraufhin er schließlich die «Padrona» sogar für eine «große Seele» erklärt. Und wenn er demgemäß gelegentlich seinen Freunden gegenüber bemerkt, er habe sich entschlossen, nur noch die großen Herzen zu lieben und einzig solcher Großherzigkeit zu leben, äußert er diese Überzeugung (und das ist der Augenblick, in dem wir «getroffen!» rufen!) *mit jener leichten Rührung, die man empfindet, wenn man unbewußt etwas sagt, nicht weil es wahr ist, sondern weil man der eigenen Stimme lauscht, als käme sie von einem anderen* (I, 369).

Das gleiche gilt für eine ganz andere Sphäre des Gefühls:

Ich trennte mich von Elstir und war wieder allein. Da sah ich auf einmal, ungeachtet meiner Enttäuschung, im Geiste alle die Zufälle vor mir, die ich nicht für möglich gehalten hätte: daß Elstir gerade mit den jungen Mädchen so gut bekannt war, daß sie, die am Morgen noch für mich bloße Bilder mit dem Meer als Hintergrund gewesen waren, mich gesehen hatten, noch dazu als nahen Bekannten eines großen Malers, der jetzt von meinem Wunsch, sie kennenzulernen, wußte und ihn zweifellos unterstützen würde. All dies hatte mir Vergnügen bereitet, aber es war mir verborgen geblieben gleich jenen Besuchern, die ruhig warten und uns erst wissen lassen, daß sie da sind, wenn die anderen wieder gegangen sind. Dann wird uns ihre Anwesenheit offenbar, wir können ihnen sagen: «Ich stehe zu Ihrer Verfügung», und leihen ihnen unser Ohr. Manchmal sind zwischen dem Augenblick, in dem Vergnügen dieser Art bei uns eingetreten sind, und dem, da wir selbst in uns Einkehr halten, so viele Stunden vergangen, wir haben in der Zwischenzeit so viele Menschen gesehen, daß wir besorgt sein müssen, ob sie überhaupt so lange ausgeharrt haben. Sie aber sind geduldig, sie erlahmen nicht, und sobald alle anderen gegangen sind, treten sie vor uns hin (II, 639), oder aber, wenn er im Hinblick auf die Angst, die wir im Traum erleben, wenn wir ein geliebtes Wesen lebendig vor uns sehen, von dem wir gleichwohl auch weiterhin wissen, daß es verstorben ist, etwa bemerkt:

Zweifellos hatte ich in gewisser Hinsicht unrecht, mich derart zu beunruhigen, da, wie man sagt, die Toten nichts fühlen und nicht handeln können. Man sagt es, aber das hindert nicht, daß meine Großmutter, obwohl sie tot war, dennoch seit Jahren weiterlebte und in diesem Augenblick in meinem Zimmer auf und nieder ging. (VI, 195)

Und wenn wir schon bei den Träumen angelangt sind:

Hatte ich mich darum immer so sehr für die Träume interessiert, die man während des Schlafes hat, weil sie uns, die Dauer durch Intensität ersetzend, zu besserem Verständnis dafür, wieviel Subjektives zum Beispiel in der Liebe enthalten ist, allein schon deshalb verhelfen, weil sie – und zwar mit fabelhafter Geschwindigkeit – bewirken, daß wir eine Frau, wie man es etwas banal ausdrücken würde, gleich «im Blut haben», was so weit gehen kann, daß wir im Schlafe ein paar Minuten lang leidenschaftlich eine Häßliche lieben – während im wirklichen Leben dieser Vorgang Jahre der Gewöhnung, eine Dauerbeziehung, erfordert hätte –, als wären sie irgendwelche von einem Zauberdoktor erfundenen intravenösen Liebesinjektionen, die ebensogut auch solche von Leiden sein könnten? Mit der gleichen Geschwindigkeit verfliegt auch wieder die Suggestion der Liebe, die sie uns eingeflößt haben, und manchmal hat nicht nur die nächtliche Geliebte aufgehört, für uns eine solche zu sein, da sie wieder zu der uns wohlbekannten Häßlichen geworden ist, sondern es verliert sich zugleich auch etwas Kostbares, ein ganzes bezauberndes Gemälde aus zärtlichen Gefühlen, aus Wonnen, aus unbestimmt verschwebenden Sehnsuchtsgefühlen, eine «Einschiffung nach Cythera», der Leidenschaft, deren Nuancen, die eine köstliche Wahrheit enthalten, welche sich jedoch wie ein allzu stark verblichenes Werk der Malerei, das man nicht mehr restaurieren kann, unseren Blicken versagt, wir gern für unseren Wachzustand festhalten möchten. (VII, 352–353)

Marcel Proust weiß denn auch selbst sehr wohl, daß der Schriftsteller in dem Maße «wirkt», wie er dergestalt ins Schwarze trifft:

Der Schriftsteller gebraucht nur ganz unaufrichtig in der Sprache der Vorreden und der Widmungen gewohnheitsmäßig die Wendung: «Mein lieber Leser.» In Wirklichkeit ist jeder Leser, wenn er liest, ein Leser nur seiner selbst. Das Werk des Schriftstellers ist dabei lediglich eine Art von optischem Instrument, das der Autor dem Leser reicht, damit er erkennen möge, was er in sich selbst vielleicht sonst nicht hätte erschauen können. Daß der Leser das, was das Buch aussagt, in sich selber erkennt, ist der Beweis für die Wahrheit eben dieses Buches und umgekehrt. (VII, 351–352)

Ein vollkommen geplantes Werk

Wenn wir beim Lesen von Proust beständig den Eindruck einer – über alle Unterschiede hinausreichenden – Übereinstimmung zwischen seinem Erleben und dem unseren haben, so spielt mehr noch als der Gegenstand der Untersuchung das Mittel eine Rolle, dessen er sich dabei bedient. Proust hat in unsere Hände einen Schlüssel gelegt, den – wie wir plötzlich mit Staunen feststellen – andere nach ihm nur wenig verwendet haben. Denn die Tatsache besteht nun einmal, daß er keine Schüler hat, er, der Meister, der dafür prädestiniert schien, deren viele zu haben, wobei sie alle noch dazu viel Freiheit genossen hätten. In dem Maße, wie er ihnen eine neue Methode eröffnete, bot er ihnen ja in der Tat Gelegenheit, ihrem eigenen Gebiet damit Frucht abzugewinnen. Nun aber haben wir einerseits niemals etwas von solchen Schülern gehört, die man als Neuerer hätte bezeichnen können, andererseits ist es nicht einmal gewiß, ob Proust auch nur (wie die meisten großen Schriftsteller) gelehrige Nachahmer gefunden hat. Welches war denn nun seine Methode, und welchen Instrumentes bedient er sich? Beide – Methode und Instrument – hatten, so scheint mir, die Tendenz, das äußere und innere Schauspiel, das Proust zu beschreiben gedachte, erschöpfend zu vermitteln, das heißt, das Werk der Aufhellung immer noch gründlicher durchzuführen, ohne je irgendein Detail – ja, auch nur ein Detail des Details – außer acht zu lassen.

Eines der ersten Beispiele dieses Verfahrens finden wir in der Analyse, die der Autor in bezug auf das Erlebnis anstellt, das der «Erzähler» als Kind beim Lesen von Büchern hatte, die er besonders liebte. Er flüchtete sich in den Garten und dort noch in eine kleine Hütte. *Aber*, so fährt er fort, *war nicht die Welt meiner Gedanken selbst noch wie eine solche Hütte, in deren Tiefe ich sogar auch dann verborgen blieb, wenn ich einen Blick auf die Dinge warf, die sich draußen zutrugen?* (I, 128) Es folgt dann eine genaue Darstellung alles dessen, was er empfand und wahrnahm, von den in seinem tiefsten Innern verborgenen Wünschen und Hoffnungen bis zu dem Bild des Horizontes, den er inzwischen vor Augen hatte – eine Darstellung, die nicht weniger als sechs engbedruckte Seiten einnimmt. Solche Analysen unterbrechen, selbst wenn sie noch so lang ausgesponnen sind, die Erzählung nicht, sie sind vielmehr die Erzählung selbst, ihr Stoff, ihr hauptsächlicher Wesensbestandteil. Wir fanden schon in *Jean Santeuil* und besonders in *Journées de Lecture*, einem früheren Text, der in *Pastiches et Mélanges* Aufnahme gefunden hat, die Behandlung des gleichen Themas. In dem letztgenannten Text ist die gesamte *Suche nach der verlorenen Zeit* bereits virtuell enthalten. Méséglise hieß darin noch Méréglise, und die alte Françoise trug den Namen Félicie. Doch im Zusammenhang mit seinen Lektüreerinnerungen tauchte vor dem Erzähler seine ganze Kindheit mit allen jenen Personen auf, die, wie seine Großmutter zum Beispiel, uns wohlvertraut werden sollten.

Unaufhörlich quellen die einen dieser Erinnerungen aus den anderen hervor in der Art, wie jene japanischen Papierblumen sich entfalten, deren überraschendes Formenspiel Proust selbst mit der Entfaltung und den unaufhörlich neuen Überraschungen seiner eigenen Suche vergleicht. Es ist ein Stil, den man als «Tubus-Stil» bezeichnen könnte, da er aus vielfältig ineinandergeschobenen Präzisionsinstrumenten hervorzugehen scheint; unaufhörlich wird in eine eben noch im Gange befindliche Entwicklung eine Unterbrechung durch andere eingeführt, die wieder ihrerseits von neuen überschritten werden, so daß es zunächst so scheinen will, als sei das Werk nicht eigentlich komponiert und als vergesse der Verfasser, während er nur einfach seinen Eingebungen folgt, wie sie ihm gerade in die Feder fließen, jeden Augenblick seinen Vorsatz, um einem anderen, neuen nachzugehen, der ihn seinerseits ebensowenig zum Ziel führt. Doch handelt es sich dabei nur um einen Fehler der Perspektive. Tatsächlich gibt es wenige Werke, die so vollkommen geplant wie dieses sind. Der fertige Roman steht wie ein Bauwerk da, in dem ein totales Gleichgewicht der Massen und eine vollendete Harmonie der Linien sich sieghaft bekunden. Marcel Proust hatte zuerst daran gedacht, sein Werk wie eine Kathedrale zu erbauen. Dem Grafen Jean de Gaigneron hatte er eines Tages gestanden:

Wenn Sie aber zu mir von Kathedralen sprechen, so fühle ich mich unwillkürlich tief bewegt angesichts einer Intuition, dank der Sie erraten, was ich bislang noch niemals ausgesprochen habe und hier zum erstenmal niederschreibe: ich wollte ursprünglich jedem Teil meines Buches einen Titel voransetzen wie «Portikus», «Apsisfenster», etc., um von vornherein der dummen Kritik zu begegnen, ich hätte es in meinem Buch an innerer Architektur fehlen lassen, während ich Ihnen im Gegenteil zeigen möchte, daß sein einziges Verdienst im soliden Aufbau auch noch der geringfügigsten Partien besteht. Ich habe gleich darauf dennoch auf diese architektonischen Bezeichnungen verzichtet, weil ich sie zu anspruchsvoll fand, aber ich bin tief gerührt, daß Sie durch eine Art von geistiger Divination von selbst darauf gekommen sind …

Ebenso schrieb er an François Mauriac:

Ihr Freund, der Meister, den ich mehr als alle bewundere, Francis

Auf dieser Bank im Park von Pré-Catelan bei Illiers, dem Besitz seines Onkels Amyot, las Proust die Werke von Balzac

Jammes, hatte mich, während er mich mit unendlichen unverdienten Lobeserhebungen bedachte, darum gebeten, im ersten Band des Werkes – wie glücklich bin ich, daß Sie dessen Titel so sehr lieben! – eine Episode zu streichen, die er schockierend fand. Ich wäre gern in der Lage gewesen, ihm den Gefallen zu tun. Aber ich habe dieses Werk so sorgfältig komponiert, daß gerade diese Episode die Erklärung für die Eifersucht meines jungen Helden im vierten und fünften Band abgibt; wenn ich also diese tragende Säule mit den obszönen Darstellungen am Kapitell entfernte, würde ich damit das ganze Gebäude zum Einsturz bringen. So etwas nun nennen die Kritiker ein schlecht angelegtes, nur nach Maßgabe zufällig sich einstellender Erinnerungen zusammengeschriebenes Werk. Verzeihen Sie, wenn ich derart von mir selber rede, aber ich dachte, eine vertrauliche Äußerung über die Arbeitsmethode sei eben eine Form des Dankes und ein Ausdruck der Sympathie («Du côté de chez Proust», 21–22), ferner an Paul Souday:

Ich fürchte, die Architektur von «Auf der Suche nach der verlorenen Zeit» wird in diesem Buch («Im Schatten junger Mädchenblüte») nicht sichtbarer werden als in «Swanns Welt». Ich stelle mir vor, daß es Leser gibt, die da meinen,ich zeichne, dem Ablauf willkürlicher und zufälliger Ideenassoziationen folgend, die Geschichte meines Lebens auf. Meine Komposition liegt im Dunkel und ist um so weniger schnell durchschaubar, als sie sich nur von einer höheren Warte aus in ihrer Entwicklung übersehen läßt ... doch um zu erkennen, wie strikt sie durchgeführt ist, brauche ich mich nur an eine Kritik von Ihrer Seite zu erinnern, eine meiner Meinung nach unbegründete Kritik, in der Sie gewisse fragwürdige und überflüssige Szenen in «Swanns Welt» tadelten. Wenn Sie dabei an eine Szene zwischen zwei jungen Mädchen dachten (Francis Jammes hatte mich bereits dringend gebeten, sie aus meinem Buch wieder herauszunehmen), so war sie tatsächlich «überflüssig» in diesem ersten Band. Die Erinnerung an sie jedoch bildet eine wesentliche Stütze für die Bände IV und V (durch die Eifersucht, die auf ihr beruht etc.). Wenn ich sie streichen wollte, würde sich im ersten Bande freilich nicht viel ändern; doch würde ich damit – infolge der engen Verknüpfung der einzelnen Teile – zwei ganze Bände zu Fall bringen, deren Eckstein sie bildet ... «Auf der Suche nach der verlorenen Zeit» ist so gewissenhaft «komponiert» ... daß das letzte Kapitel des letzten Bandes gleich nach dem ersten Band geschrieben worden ist ... (Corr. III, 69–70, 72)

Dem entspricht, im Werk selbst, die folgende schöne Stelle aus dem Band *Die wiedergefundene Zeit*, in welcher der Erzähler gleichzeitig schildert, wie er zum erstenmal den Gegenstand seines Werkes vor sich auftauchen sieht sowie auch der Askese gedenkt, der er sich unterwerfen muß, um es zu Ende zu führen:

Wie glücklich würde der sein, dachte ich, der ein solches Buch zu schreiben vermöchte, doch welche Arbeit liegt auch vor ihm. Um davon

eine Vorstellung zu geben, müßte man Vergleiche aus den höchsten und verschiedenartigsten Künsten entnehmen; denn dieser Schriftsteller, der im übrigen bei der Gestaltung jedes Charakters, um ihn plastisch darzustellen, die entgegengesetzten Seiten aufzuzeigen hätte, müßte sein Buch sorgfältig unter unaufhörlicher Umgruppierung der Kräfte wie eine Offensive vorbereiten, es ertragen wie die Qual der Ermüdung, wie eine Ordensregel auf sich nehmen und wie eine Kirche erbauen, ihm folgen wie einer ärztlichen Weisung, es überwinden wie ein Hindernis, erobern wie eine Freundschaft, hegen und pflegen wie ein Kind, es schaffen wie eine Welt, ohne jene Geheimnisse außer acht zu lassen, die ihre Erklärung wahrscheinlich nur in anderen Welten finden, deren erahntes Sein jedoch das ist, was uns im Leben und in der Kunst am tiefsten zu bewegen vermag. In diesen großen Büchern aber gibt es ganze Partien, die aus Mangel

Die Hefte, in denen Proust Vorstudien zu seinen Romanen machte

an Zeit im Zustand der Skizze geblieben sind und die zweifellos auch nie fertiggestellt werden können, weil der Plan des Baumeisters zu großartig war. Wie viele gewaltige Kathedralen bleiben unvollendet! Man nährt ein solches Werk, das wächst, unser Grab bezeichnet, es vor Gerüchten und eine Zeitlang sogar vor dem Vergessen bewahrt. Um aber auf mich selbst zurückzukommen, so dachte ich bescheidener an mein Buch ... ich wage nicht, in ehrgeiziger Weise zu sagen, wie man eine Kathedrale baut, sondern nur ganz einfach, wie man ein Kleid entstehen läßt. (VII, 839–841)

Diese so demütige Schlußfeststellung ist auch insofern zutreffend, als sie der materiellen Tätigkeit Rechnung trägt, die für die Herstellung eines aus fortlaufend aneinandergeklebten Blättern bestehenden Manuskripts erforderlich war. Das Wort «Kathedrale» freilich spiegelt besser die gigantischen Proportionen des Werkes, wie auch seine Vollendung und die unendliche Vielzahl der darin enthaltenen Details wider – dieses *so durchkomponierten und konzentrisch angelegten Werkes* (Corr. I, 167), über das der Baumeister auch noch folgendes bemerkt:

Die Idee meiner geistigen Konstruktion wich nicht einen Augenblick aus meinem Kopf. Ich wußte nicht, ob es eine Kirche sein würde, in der die Gläubigen nach und nach Wahrheiten entdecken und Harmonien, den großen Plan, der dem Ganzen zugrunde lag, erkennen würden, oder ob mein Werk wie ein Druidenmal auf dem Gipfel einer Insel für immer unbesucht dastehen würde. Aber ich war entschlossen, ihm meine Kräfte zu weihen, die gleichsam widerstrebend von mir wichen, als wollten sie mir noch gern so lange Zeit lassen, bis ich nach vollzogener Umschreitung auch die Begräbnispforte geschlossen haben würde. Bald war ich in der Lage, einige Skizzen vorweisen zu können. Niemand verstand das geringste davon. Selbst diejenigen, die meiner Schau jener Wahrheiten, die ich später in den Tempel einmeißeln wollte, sympathisch gegenüberstanden, beglückwünschten mich dazu, daß ich sie «mit dem Mikroskop» entdeckt habe, während ich in Wirklichkeit ein Teleskop benutzt hatte, um Dinge wahrzunehmen, die in der Tat sehr klein waren, aber nur deshalb, weil sie in weiter Ferne lagen, und deren jedes für sich eine Welt darstellte. Da, wo ich die großen Gesetze suchte, glaubte man, in mir jemand zu sehen, der nach Einzelheiten grub. (VII, 552)

Soviel Maß und Ordnung in einem großangelegten Objekt lassen auch an eine Symphonie denken. Nach Beendigung von *Swanns Welt* schrieb Marcel Proust an Lucien Daudet:

Das Werk läßt sich unmöglich nach diesem bloßen ersten Band bereits vorauserkennen, der seinen Sinn erst von den anderen her erhält. Es ist wie mit den Passagen, von denen man nicht weiß, daß es sich um «Leitmotive» handelt, wenn man sie nur ganz für sich in einem Konzert innerhalb einer Ouvertüre hat aufklingen hören ... so zum Beispiel war die «Dame in Rosa» bereits Odette etc. («Autour des soixante lettres de Marcel Proust», 71–72, 76)

Und tatsächlich ist es ja so, daß irgendein rasch angeschlagener Akkord auf den allerersten Seiten von *Swanns Welt*, der einem beim ersten Lesen gar nicht auffällt, die Orchestrierung des Guermantes-Bandes und das Finale von *Die Entflohene* bestimmt:

Als meine Großmutter von ihrem Besuch zurückkam, war sie begeistert von dem Hause, von dem aus man in lauter Gärten sah, und auch von einem Schneider und seiner Tochter, die sie in ihrer Werkstatt dort auf dem Hofe aufgesucht und gebeten hatte, einen Stich an ihrem Rock zu nähen, von dem sie sich auf der Treppe den Saum abgetreten hatte. Meine Großmutter fand diese Leute vollendet in ihrer Art; sie erklärte, die Kleine sei eine Perle und der Schneider der vornehmste, der reizendste Mensch, den sie je gesehen habe ... (I, 34)

Die «kleine Madeleine» und die zwei Arten des Gedächtnisses

Auf die beim Schlafengehen ausgestandenen Ängste seiner Kinderzeit bezieht sich Proust, um seine wesentliche Entdeckung als Romancier der *verlorenen Zeit* zu erklären: den Gegensatz zwischen den beiden Gedächtnisarten, denen nur der Name gemeinsam ist. Als der Erzähler, erwachsen und sogar bereits gealtert, das Combray seiner Kindheit vor seinem geistigen Auge wiedererstehen ließ, erblickte er davon nur ein einziges, immer gleichbleibendes Fragment. Er sah, so berichtet er uns in *Swanns Welt*:

... nur einen von tiefer Dunkelheit umlagerten Ausschnitt davon ... so wie ein bengalisches Feuer oder eine Illumination durch elektrisches Licht helle Partien an einem Gebäude schafft, während die übrigen in der Finsternis verbleiben ... Es war, als habe ganz Combray nur aus zwei durch eine schmale Treppe verbundenen Stockwerken bestanden und als sei es dort immer und ewig sieben Uhr abends bewesen. Natürlich hätte ich, danach befragt, angeben können, daß Combray aus anderen Dingen bestanden habe und zu anderen Stunden dagewesen sei. Aber da alles, was ich mir davon hätte ins Gedächtnis rufen können, mir dann nur durch bewußtes, durch intellektuelles Erinnern gekommen wäre und da die nur auf diese Weise vermittelte Kunde von der Vergangenheit ihr Wesen nicht erfaßt, hätte ich niemals Lust gehabt, an das übrige Combray zu denken. Alles das war in Wirklichkeit tot für mich.

Tot für immer? Vielleicht.

... Vergebens versuchen wir unsere Vergangenheit wieder heraufzubeschwören, unser Geist bemüht sich umsonst. Sie verbirgt sich außerhalb seines Machtbereiches und unerkennbar für ihn in irgendeinem stofflichen Gegenstand (oder der Empfindung, die dieser Gegenstand in uns weckt); in welchem, ahnen wir nicht. Ob wir diesem Gegenstand aber vor unserem Tode begegnen oder nie auf ihn stoßen, hängt einzig vom Zufall ab.

Viele Jahre hatte von Combray außer dem, was der Schauplatz und das Drama meines Zubettgehens war, nichts für mich existiert, als meine Mutter an einem Wintertage, an dem ich durchfroren nach Hause kam, mir vorschlug, ich solle entgegen meiner Gewohnheit eine Tasse Tee zu mir nehmen. Ich lehnte erst ab, besann mich dann aber, ich weiß nicht warum, eines anderen. Sie ließ darauf eines jener dicken ovalen Sandtörtchen

Der Marktplatz von Illiers

holen, die man «Madeleine» nennt und die aussehen, als habe man als Form dafür die gefächerte Schale einer Sankt-Jakobsmuschel benutzt. Gleich darauf führte ich, bedrückt durch den trüben Tag und die Aussicht auf den traurigen folgenden, einen Löffel Tee mit dem aufgeweichten kleinen Stück Madeleine darin an die Lippen. In der Sekunde nun, als dieser mit dem Kuchengeschmack gemischte Schluck Tee meinen Gaumen berührte, zuckte ich zusammen und war wie gebannt durch etwas Ungewöhnliches, das sich in mir vollzog. Ein unerhörtes Glücksgefühl, das ganz für sich allein bestand und dessen Grund mir unbekannt blieb, hatte mich durchströmt. Mit einem Schlage waren mir die Wechselfälle des Lebens gleichgültig, seine Katastrophen zu harmlosen Mißgeschicken, seine Kürze zu einem bloßen Trug unsrer Sinne geworden, es vollzog sich damit in mir, was sonst die Liebe vermag, gleichzeitig aber fühlte ich mich von einer köstlichen Substanz erfüllt: oder diese Substanz war vielmehr nicht in mir, sondern ich war sie selbst. Ich hatte aufgehört, mich mittelmäßig, zufallsbedingt, sterblich zu fühlen. Woher strömte diese mächtige Freude mir zu? Ich fühlte, daß sie mit dem Geschmack des Tees und des Kuchens in Verbindung stand, aber darüber hinausging und von ganz anderer Wesensart war. Woher kam sie mir? Was bedeutete sie? Wo konnte ich sie fassen?

Sicherlich muß das, was so in meinem Innern in Bewegung geraten ist, das Bild, die visuelle Erinnerung sein, die zu diesem Geschmack gehört und die nun versucht, mit jenem bis zu mir zu gelangen. Aber sie müht sich in zu großer Ferne und nur allzu schwach erkennbar ab; kaum nehme ich einen gestaltlosen Lichtschein wahr, in dem sich der ungreifbare Wirbel der Farben vermischt und verliert; aber ich kann die Form nicht unterscheiden, nicht von ihr als dem einzig möglichen Dragoman erbitten, daß sie mir die Aussage ihres Begleiters, ihres unzertrennlichen Gefährten, des Geschmacks, übersetzt, sie nicht fragen, um welche Begebenheit, um welche Epoche der Vergangenheit es sich handeln mag.

Wird sie bis an die Oberfläche meines Bewußtseins gelangen, diese Erinnerung, jener Augenblick von einst, der, angezogen durch einen ihm gleichen Augenblick, von so weit hergekommen ist, um alles in mir zu wecken, in Bewegung zu bringen und wieder heraufzuführen? Ich weiß es nicht. Jetzt fühle ich nichts mehr, er ist zum Stillstand gekommen, vielleicht in die Tiefe geglitten; wer weiß, ob er jemals wieder aus seinem Dunkel emporsteigen wird! Zehnmal muß ich es wieder versuchen, mich zu ihm hinunterzubeugen. Und jedesmal rät mir die Trägheit, die uns von jeder schwierigen Aufgabe, von jeder bedeutenden Leistung fernhalten will, das Ganze auf sich beruhen zu lassen, meinen Tee zu trinken im ausschließlichen Gedanken an meine Kümmernisse von heute und meine Wünsche von morgen, die ich unaufhörlich und mühelos in mir bewegen kann.

Und dann mit einem Male war die Erinnerung da. Der Geschmack war der jener Madeleine, die mir am Sonntagmorgen in Combray (weil ich an diesem Tage vor dem Hochamt nicht aus dem Hause ging), sobald ich ihr in ihrem Zimmer guten Morgen sagte, meine Tante Léonie anbot, nachdem sie sie in ihren schwarzen oder Lindenblütentee getaucht hatte. Der Anblick jener Madeleine hatte mir nichts gesagt, bevor ich davon gekostet hatte; vielleicht kam das daher, daß ich dieses Gebäck, ohne davon zu essen, oft auf den Tischen der Bäcker gesehen hatte, und daß dadurch sein Bild sich von jenen Tagen in Combray losgelöst und mit anderen späteren verbunden hatte; vielleicht auch daher, daß von jenen so lange aus dem Gedächtnis entschwundenen Erinnerungen nichts mehr da war, alles sich in nichts aufgelöst hatte; die Formen – darunter auch die dieser kleinen Muschel aus Kuchenteig, die so behäbig sinnenfroh wirkt unter ihrem strengen, frommen Faltenkleid – waren versunken, oder sie hatten, in tiefen Schlummer versenkt, jenen Auftrieb verloren, durch den sie ins Bewußtsein hätten emporsteigen können. Aber wenn von einer früheren Vergangenheit nichts existiert nach dem Ableben der Personen, dem Untergang der Dinge, so werden allein, zerbrechlicher aber lebendiger, immateriell und doch haltbar, beständig und treu Geruch und Geschmack noch lange wie irrende Seelen ihr Leben weiterführen, sich erinnern, warten, hoffen, auf den Trümmern alles übrigen und in einem beinahe unwirklich winzigen Tröpfchen das unermeßliche Gebäude der Erinnerung unfehlbar in sich tragen.

Sobald ich den Geschmack jener Madeleine wiedererkannt hatte, die

Die Kirche von Illiers im Jahre 1955 . . .

... und um die Jahrhundertwende

meine Tante mir, in Lindenblütentee eingetaucht, zu verabfolgen pflegte (obgleich ich noch immer nicht wußte und auch erst späterhin würde ergründen können, weshalb die Erinnerung mich so glücklich macht), trat das graue Haus mit seiner Straßenfront, an der ihr Zimmer sich befand, wie ein Stück Theaterdekoration zu dem kleinen Pavillon an der Gartenseite hinzu, der für meine Eltern nach hintenheraus angebaut worden war (also zu jenem verstümmelten Teilbild, das ich bislang allein vor mir gesehen hatte) und mit dem Hause die Stadt, der Platz, auf den man mich vor dem Mittagessen schickte, die Straßen, die ich von morgens bis abends und bei jeder Witterung durchmaß, die Wege, die wir gingen, wenn schö-

Das Tor zu Tante Léonies Garten

nes Wetter war. Und wie in den Spielen, bei denen die Japaner in eine mit Wasser gefüllte Porzellanflasche kleine, zunächst ganz unscheinbare Papierstückchen werfen, die, sobald sie sich vollgesogen haben, auseinandergehen, sich winden, Farbe annehmen und deutliche Einzelheiten aufweisen, zu Blumen, Häusern, zusammenhängenden und erkennbaren Figuren werden, ebenso stiegen jetzt alle Blumen unseres Gartens und die aus dem Park von Monsieur Swann, die Seerosen auf der Vivonne, die Leutchen aus dem Dorfe und ihre kleinen Häuser und die Kirche und ganz Combray und seine Umgebung, alles deutlich und greifbar, die Stadt und die Gärten auf aus meiner Tasse Tee. (I, 68–75)

Die Kirchtürme von Martinville

Bedeutsamer als die Türme von Saint-André-des-Champs, die von Saint-Martin-le-Vêtu und sogar als der von Saint-Hilaire in Combray beherrschen die Kirchtürme von Martinville das gesamte Werk Prousts. Folgendermaßen vollzieht sich in *Swanns Welt* ihre erste Erscheinung:

Wieviel betrübender noch als zuvor schien es mir seit jenem Tage auf meinen Spaziergängen in die Gegend von Guermantes, daß ich keine Begabung fürs Schreiben besaß und darauf verzichten mußte je ein berühmter Schriftsteller zu werden. Das Bedauern, das ich darüber empfand, während ich allein und abseits träumte, machte mich so niedergeschlagen, daß mein Geist, damit ich es weniger fühlte, von sich aus in einer Art von Zurückweichen vor dem Schmerz ganz und gar vermied, bei dem Gedanken an Verse, Romane oder an eine Dichterzukunft zu verweilen, auf die ich offenbar aus Mangel an Talent nicht würde rechnen können. So nun, völlig außerhalb von jeder literarischen Absicht und ohne einen Gedanken daran, fühlte ich meine Aufmerksamkeit gefangen von einem Dach, einem Sonnenreflex auf einem Stein, dem Geruch eines Weges, und zwar gewährten sie mir dabei ein spezielles Vergnügen, das wohl daher kam, daß sie aussahen, als hielten sie hinter dem, was ich sah, noch anderes verborgen, das sie mich zu suchen aufforderten und das ich trotz aller Bemühungen nicht zu entdecken vermochte. Da ich genau fühlte, daß es in ihnen war, blieb ich unbeweglich stehen, um sie anzuschauen, einzuatmen, um den Versuch zu machen, mit meinem Denken über das Bild oder über den Duft noch hinauszugelangen. Wenn ich dann meinen Großvater einholen und meinen Weg fortsetzen mußte, suchte ich, sie wiederzufinden, indem ich meine Augen schloß; ich konzentrierte mich völlig darauf, genau die Linie des Daches, den exakten Farbton des Steines wiederzufinden, die, ohne daß ich begreifen konnte warum, mir mit etwas angefüllt schienen und bereit, sich zu öffnen, um mir auszuliefern, wovon sie selbst nur die Hülle waren. Gewiß waren es nicht Eindrücke dieser Art, die mir die verlorene Hoffnung wiedergeben konnten, eines Tages Schriftsteller und Dichter zu werden, denn sie waren immer an einen bestimmten Gegenstand ohne allen geistigen Gehalt und ohne Beziehung zu einer abstrakten Wahrheit geknüpft. Aber wenigstens vermittelten sie mir ein fragloses Vergnügen, eine Illusion von Fruchtbarkeit, und lenkten mich da-

Saint-Éman (bei Proust Saint-André-des-Champs)

durch von meinem Kummer, jenem Gefühl der Ohnmacht ab, von dem ich immer befallen worden war, wenn ich nach einem philosophischen Gegenstand für ein großes literarisches Werk gesucht hatte. Aber die Arbeit meines Bewußtseins war so angreifend – eine Arbeit, die diese Eindrücke von Formen, Düften oder Farben mir auferlegten –, nämlich zu erfassen, was sich hinter ihnen verbarg, daß ich bald anfing, vor mir selbst Entschuldigungen zu finden, um mich dieser Anstrengung zu entziehen und mich nicht länger damit ermüden zu müssen. Zum Glück riefen meine Eltern nach mir, ich fühlte, daß ich im Augenblick nicht über die nötige Ruhe verfügte, um mit Nutzen weiterzuforschen, daß es besser sei, nicht mehr daran zu denken, bis ich zu Hause wäre, und mich nicht zuvor zwecklos abzuquälen. Ich beschäftigte mich dann also nicht mehr mit jenem Unbekannten, das sich in einer Form oder einem Duft verbarg, trug es aber unter der Hülle von Bildern mit mir fort, unter denen ich es lebendig vorfinden würde wie die Fische, die ich an den Tagen, wo man mich fischen ließ, in meinem Korb unter einer Schicht von Gräsern kühl und frisch mit nach Hause brachte. War ich erst daheim, so dachte ich an anderes, und so häufte sich in meinem Geist (wie in meinem Zimmer die Blumen, die ich auf meinen Spaziergängen gepflückt hatte, oder die Dinge, die mir geschenkt worden waren) mancherlei an: ein Stein, auf dem ein Lichtreflex spielte, ein Dach, ein Glockenton, ein Blätterduft, viele verschiedene Bilder, unter denen seit langem schon die einst geahnte Wirklichkeit weggestorben war, die zu entdecken meine Willenskraft nicht ausgereicht hatte. Eines Tages jedoch – als wir unseren Spaziergang weit über die gewohnte Zeit ausgedehnt hatten und so glücklich waren, am späten Nachmittag auf halbem Heimweg Doktor Percepied zu begegnen, der in seinem Wagen gemütlich des Weges kam, uns erkannte und zu sich einsteigen ließ – hatte ich einen Eindruck dieser Art, bei dem ich nicht nachgab, bis ich tiefer in ihn eingedrungen war ... An einer Wegbiegung hatte ich auf einmal jenes besondere Lustgefühl, das keinem anderen glich, beim Anblick der beiden Kirchtürme von Martinville, auf denen der Widerschein der sinkenden Sonne lag und die infolge der Wagenbewegung und der Windung der Straße den Platz zu wechseln schienen; es kam dann noch der von Vieuxvicq hinzu, der, von den beiden anderen durch einen Hügel und ein Tal getrennt, etwas höher in der Ferne liegt und ihnen dennoch ganz nahe benachbart schien.

Beim Feststellen und Einprägen der Form ihrer Spitze, der Verschiebung ihrer Linien, der Oberflächen, auf denen die Sonne lag, fühlte ich, daß ich noch nicht am Ende meiner Eindrücke war, daß etwas sich noch hinter dieser Bewegung, dieser Helligkeit befand, etwas, das sie zu enthalten und zugleich zu verbergen schienen.

Die Kirchtürme wirkten so fern, und es sah aus, als ob wir uns ihnen nur wenig näherten, so daß ich ganz erstaunt war, als wir gleich darauf vor der Kirche von Martinville hielten. Ich wußte nicht, weshalb es mich glücklich gemacht hatte, sie am Horizont zu erblicken, und der Zwang, nach dem Grunde zu forschen, lastete quälend auf mir; ich hatte Lust, die Erinnerung an die sich verschiebenden Linien in meinem Kopf aufzubewahren und im Augenblick nicht mehr daran zu denken. Hätte ich es getan, so wären wahrscheinlich die beiden Türme zu den zahllosen Bäumen, Dächern und Klängen hinübergewallt, die mir vor andern aufgefallen waren wegen der unbestimmten Lust, die ihre Wahrnehmung mir verschaffte, der ich jedoch nicht nachgegangen war ... Bald darauf war es, als ob ihre Umrißlinien und besonnten Flächen wie eine Schale sich öffneten und etwas, was mir in ihnen verborgen geblieben war, nunmehr erkennen ließen; es kam mir ein Gedanke, der einen Augenblick zuvor noch nicht in meinem Bewußtsein war und der sich in meinem Hirn zu Worten gestaltete, und die Lust, die mir soeben der Anblick der Türme bereitet hatte, war so gesteigert dadurch, daß ich, von einer Art von Rausch erfaßt, an nichts anderes dachte.

Die Grande Planche, eine Brücke in Illiers

... Ohne mir zu sagen, daß das, was hinter den Türmen von Martinville verborgen war, einem wohlgelungenen Satz entsprechen mußte, da es mir ja in Gestalt von Worten, die mir Freude machten, aufgegangen war, bat ich den Doktor um Bleistift und Papier, und trotz der Stöße des Wagens verfaßte ich, um mein Bewußtsein zu entlasten, und aus Begeisterung das folgende kleine Stück Prosa, das ich später wiederfand und hier nur wenig abgeändert habe ... (I, 265–269)

Wenn es sich an dieser Stelle nicht mehr wie in dem Fall der kleinen Madeleine um eine Reminiszenz handelt, sondern um einen ganz auf die Gegenwart beschränkten Eindruck, so ist doch das Bedürfnis das gleiche – das Verlagen nach einer Aufhellung, die zugleich eine Gestaltwerdung ist – und wird in der gleichen, schmerzlich drängenden Weise empfunden. In beiden Fällen handelt es sich darum, über die von einem konkreten, speziellen Objekt ausgehende Empfindung zu einer abstrakten, allgemeingültigen Wahrheit zu gelangen. Schon früher einmal hatte der junge Marcel Proust das gleiche Gefühl einer mit einer Art von Enthusiasmus gemischten Ohnmacht beim Anblick der blühenden Weißdornhecken gehabt:

Aber ich mochte mich noch so lange vor dem Weißdorn aufhalten, ihn riechen, in meinen Gedanken, die nichts damit anzufangen wußten, seinen unsichtbaren, unveränderlichen Duft mir vorstellen, ihn verlieren und wiederfinden, mich eins fühlen mit dem Rhythmus, in dem sich seine Blü-

ten in jugendlicher Munterkeit und in Abständen, die so unerwartet waren wie gewisse musikalische Intervalle, hierhin und dorthin wendeten; sie entfalteten für mich auf unbestimmte Zeit hin den ganzen Reiz unerschöpflicher Fülle, aber ohne daß ich tiefer in ihn einzudringen vermochte, so wie es gewisse Melodien gibt, die man hundertmal hintereinander spielt, ohne in der Entdeckung ihres Geheimnisses einen Fortschritt zu machen. Ich wendete mich von ihnen einen Augeblick ab, um sie dann mit frischen Kräften wieder anzugehen ...

Ich kehrte zu dem Weißdorn zurück wie zu einem Kunstwerk, von dem man meint, man werde es besser sehen, wenn man es einen Augenblick inzwischen nicht angeschaut hat; aber es nützte nichts, daß ich meinen Blick mit den Händen abschirmte, um nichts weiter zu sehen: das Gefühl, das er in mir weckte, blieb dunkel und unbestimmt, versuchte vergebens, sich loszulösen und die Verbindung mit den Blüten einzugehen. Sie verhalfen mir nicht dazu, es wirklich deutlich zu machen, und von anderen Blumen erreichte ich nicht, daß sie es mir verschafften. (I, 207–208)

Kaum älter als der nachmalige «Erzähler» von *Swanns Welt* notiert Proust in *Jean Santeuil*: *Fast einzig die Natur diktiert uns in bestimmten Augenblicken Offenbarungen, bei denen wir deutlich spüren, wie wesentlich es ist, daß wir sie aufzeichnen ohne Sorge darum, ob eine solche Niederschrift unseren Geist oder die Brillanz unseres Stils zur Geltung bringen wird, ja, sogar eine lebhafte Abneigung dagegen empfinden, dem einen oder dem anderen Zweck Konzessionen zu machen.* (J. S. I, 289) Dem entspricht in *Swanns Welt*: *Wenn ich selbst diese Sätze in der ängstlichen Sorge formulierte, sie möchten auch ja ganz genau das widerspiegeln, was sich in meinem Denken abzeichnete, und fürchtete, sie möchten nie*

Weißdornbäume in der Nähe von Illiers

ganz «treffend» sein, hatte ich ja gar keine Zeit, mich zu fragen, ob das, was ich schrieb, auch wohlgelungen sei. (I, 146) Hier spiegelt sich eine Auffassung von echt proustischer Selbstlosigkeit (proustisch, solange es sich nicht um das einzige wirkliche Anliegen handelt: die Gestaltung des Kunstwerkes), die ihn schließlich, als er am äußersten Punkt angelangt war, zu dem asketischen Einsiedler machte, den wir kennen, zu dem Gefangenen seiner Berufung weit mehr als seiner Krankheit, da sie diese sogar in den Hintergrund treten ließ, damit er sich trotz allem seiner Arbeit widmen könne. Nicht aber nur bringt Proust schließlich seinem Werk alles, was ihm noch an Kräften geblieben war, zum Opfer, sondern auch Vergnügungen spielten in seinem Leben nur noch insoweit eine Rolle, als er irgendeine Erfahrung brauchte, um diesem oder jenem Teil seines – noch unvollendeten – Werkes die nötige Stofflichkeit zu geben. Man braucht sich also nicht zu wundern, daß Personen für ihn nach ihrem Nutzen für sein Werk rangieren. Wenn er unter dem Tod Albertines auch derart leidet, daß wir diesem Umstand zweihundert Seiten der Analyse verdanken, so entreißt er ihm doch die folgende Auslassung, die weniger aus der Brust des Mannes als des Schriftstellers hervorzugehen scheint, wofern der Mann und der Schriftsteller in ihm überhaupt noch zwei verschiedene Wesen waren:

Da aber verspürte ich großes Mitleid mit ihr und empfand es zugleich wie eine Schmach, daß ich sie überlebte. Es schien mir tatsächlich in den Stunden, in denen ich am wenigsten Schmerz verspürte, daß ich in gewisser Weise von ihrem Tode profitierte, denn eine Frau ist von großem Nutzen für unser Leben, wenn sie darin anstatt eines Glückselementes für uns ein Werkzeug des Leidens ist, und es gibt keine einzige, deren Besitz so köstlich ist wie der jener Wahrheiten, die sie uns entdeckt, indem sie uns leiden macht. (VI, 127)

Einem Swann, der gleichwohl kein Schriftsteller ist, legt der Erzähler bis zu einem gewissen Grade seine eigene Haltung bei: Swann, so gibt er uns zu verstehen, beobachtete sein Leiden – die Eifersucht – *so sachlich ... als habe er es sich zu Studienzwecken selber durch Impfung beigebracht.* (I, 442)

Daher besitzen denn auch die Wesen für Marcel Proust – und wir stellen gleichzeitig fest, daß es uns kaum anders geht – keine autonome Existenz:

Die Bande zwischen einem Wesen und uns existieren nur in unserem Denken. Wenn das Gedächtnis nachläßt, lockern sie sich, und ungeachtet der Illusion, der wir gern erliegen würden und mit der wir aus Liebe, aus Freundschaft, aus Höflichkeit, aus Rücksicht auf die Menschen, aus Pflichtgefühl die anderen betrügen, existieren nur wir allein. Der Mensch ist das Wesen, das nicht aus sich heraus kann, das die anderen nur in sich selber kennt und lügt, wenn es das Gegenteil behauptet. (VI, 57–58)

Die Liebe läßt uns nicht besser erkennen, was die anderen wirklich sind oder was wahrhaft jenes Wesen ist, das uns unentbehrlich geworden ist. Doch flößt sie uns das Verlangen – und manchmal die Illusion – dieser Kenntnis ein:

Freilich wissen wir nichts von der besonderen Empfindungsweise eines anderen, aber gewöhnlich wissen wir nicht einmal, daß wir nichts davon wissen, da die Empfindungsweise der anderen uns einfach gleichgültig ist. Was Albertine anbelangt, so hätte mein Unglück oder Glück davon abgehangen, wie eben diese ihre Empfindungsweise beschaffen war. Ich wußte, daß sie mir unbekannt blieb, und schon das allein war für mich ein Schmerz. (VI, 204)

Wir finden wenigstens die Rechtfertigung eines solchen Autoren-Utilitarismus in einem Passus aus *Die wiedergefundene Zeit*:

Jede Person, die uns leiden macht, kann von uns einer Gottheit zugeordnet werden, von der sie nur ein fragmentarischer Reflex und eine letzte Stufe ist, einer Gottheit (Idee), deren Betrachtung uns auf der Stelle Freude anstatt des vorherigen Leidens schenkt. Die ganze Lebenskunst besteht darin, uns der Personen, die uns leiden machen, als einer Stufe zu bedienen, auf der wir zu ihrer göttlichen Gestalt gelangen können und dergestalt unser Leben fröhlich mit Gottheiten bevölkern ... Wenn ein Frechling uns beschimpft, wäre uns zweifellos lieber, er bedächte uns mit Lob; was aber vor allem, wenn eine angebetete Frau uns verrät, würden wir darum geben, daß es anders wäre! Doch der Groll über die Beleidigung, der Schmerz über unser Verlassensein, wären dann ewig unbekannte Bezirke für uns geblieben, deren Entdeckung, wie schmerzlich sie auch den Menschen treffen mag, für den Künstler ganz unschätzbar ist. Daher spielen denn auch die Bösen und Undankbaren – ihm und ihnen zum Trotz – in seinem Werk eine Rolle. Der Pamphletist bringt unwillkürlich mit seinem Ruhm auch den Schuft in Verbindung, den er in seiner Schmähschrift verdammt. Man kann über das ganze Kunstwerk hin die Personen erkennen, die der Künstler am meisten gehaßt und – ach! – sogar die Frauen, die er am meisten geliebt hat. Sie selbst haben dem Schriftsteller nur Modell gestanden da, wo sie ihn ganz gegen seine Neigung haben leiden machen. Als ich Albertine liebte, war ich mir sehr klar darüber gewesen, daß sie mich nicht liebte, und hatte mich wohl oder übel darein ergeben, daß sie mir nur zu der Kenntnis verhalf, was es heißt, Leiden, Liebe – und am Anfang sogar Glück – an sich selbst zu erfahren.

Wenn wir aber das Allgemeingültige an unserem Kummer herauszustellen und darüber zu schreiben versuchen, so fühlen wir uns etwas getröstet vielleicht auch noch aus einem anderen Grunde als nur denen, die ich hier angeführt habe, nämlich dadurch, daß das Denken auf eine allgemeingültige Art und das Schreiben für den Schriftsteller eine gesunde und notwendige Funktion ist, deren Ausübung ihn in gleicher Weise beglückt wie den rein körperlich lebenden Menschen der Sport, der vergossene Schweiß und das Bad ...

Unter einem anderen Gesichtspunkt aber steht das Werk eher im Zeichen des Glücks, weil es uns lehrt, daß überall in der Liebe das Allgemeingültige neben dem Besonderen liegt und daß wir durch eine Gymnastik, die gegen den Kummer immun macht, da man dabei seine Ursache außer acht läßt, um seiner Essenz desto tiefer nachzugehen, vom zweiten zum ersten gelangen können. Tatsächlich fühlt man – wie ich es in der Folge an mir erfahren sollte – selbst in dem Augenblick, in dem man liebt oder leidet, sofern die Berufung sich endlich verwirklicht hat, in den Stunden, in denen man arbeitet, derart deutlich, wie das geliebte Wesen sich in einer umfassenderen Wirklichkeit verliert, daß man es über der Arbeit schließlich für Augenblicke vergißt und nicht stärker mehr unter seiner Liebe leidet wie unter einem körperlichen Übel, bei dem das geliebte Wesen keine Rolle spielt, einer Herzkrankheit etwa ... Eine Frau, von der wir nicht lassen können, die uns leiden macht, zieht aus uns ganze Folgen weit tieferer und stärker an unser Lebensmark rührender Gefühle als ein Mann von überlegenem Geist, der uns interessiert. Je nach der Ebene, auf der wir leben, bleibt dabei die Frage offen, ob wir finden, daß ein bestimmter Verrat, durch den eine Frau uns Kummer bereitet hat, etwas Geringfügiges der Wahrheit gegenüber bedeutet, die dieser Verrat für uns aufdeckt und die die Frau, welche uns leiden macht, wohl kaum je begriffen hätte. Auf alle Fälle fehlt es nicht an solchem immer wiederkehrenden Verrat. Ein Schriftsteller kann sich ohne Furcht an eine lange Arbeit begeben. Der Verstand kann ruhig sein Werk beginnen, auf seinem Wege werden ihm genügend Leiden begegnen, die seine Vollendung bewirken. Was das Glück anbelangt, so dient es fast nur einem nützlichen Zweck: das Unglück möglich zu machen. Wir müssen im Glück sehr süße und starke Bande des Vertrauens knüpfen, damit ihr Bruch in uns jene unschätzbare, schmerzhafte Zerreißung schafft, die wir Unglück nennen. Wenn man nicht glücklich gewesen wäre, und sei es auch nur durch die Hoffnung, würde einen das Unglück jeweils ohne Grausamkeit und damit furchtlos treffen. (VII, 333–346)

Tatsächlich sieht man, wie Marcel Proust noch die qualvollsten seiner persönlichen Erlebnisse in den Dienst dieses unaufhörlichen, fruchtbaren Experimentierens stellt. Wir haben schon darauf hingewiesen, wie er, als ein Unwohlsein ihn befällt, dessen Schwere er als einziger zu ermessen vermag, diese Gelegenheit benutzt, um gleichsam «am lebenden Objekt», wenn man so sagen darf, das Nahen des Todes zu studieren. *Wenn in mir zum Beispiel* – so schrieb er zuvor (V, 13) – *die Krankheit (von den verschiedenen Personen, die unser Ich ausmachen) eine nach der anderen überwältigt haben wird, werden zwei oder drei noch bleiben, die zäher sind als alle übrigen, darunter ein kleiner Philosoph, der erst glücklich ist, wenn er zwischen zwei Werken, zwischen zwei Eindrücken, etwas Gemeinsames festgestellt hat ...*

Das Rätsel des Glücks

In dem großen Romanwerk Prousts spielt eine Sonate – genauer ein «kleines Thema» dieser Sonate – eine wichtige Rolle. Ihr Schöpfer ist ein fiktiver Komponist mit dem Namen Vinteuil. Aber ebenso wie in diesem Werk Elstir und Bergotte nicht nur Monet und Anatole France darstellen, sondern dazu auch noch alle modernen Maler und Schriftsteller, die das Geistes- und Gefühlsleben Prousts (wie das seiner ganzen Epoche) bereichert haben, so ist auch Vinteuil zugleich Saint-Saëns, Fauré, César Franck und Wagner ... Während die Kirchtürme von Martinville in *Jean Santeuil* nicht vorkommen, taucht im dritten Band dieses Werkes* die Sonate von Vinteuil in um so eindruckvollerer Weise auf, als es sich dabei um das erste Anklingen dessen handelt, was eines der schönsten Themen der *Verlorenen Zeit* werden sollte. Wir können aus Raumgründen hier nicht alle Stellen zitieren, an denen das «kleine Thema» kontrapunktisch zu irgendwelchen psychologischen Vorgängen auftritt, auf die es jeweils bestimmend einwirkt**, auch nicht jene besonders schönen Seiten, in denen der Erzähler – lange nach den glücklichen Combrayer Tagen und noch länger nach den Zeiten, da Swann in Odette de Crécy verliebt war – in dem Septett Vinteuils die Sonate wiederfindet, die sowohl in Swanns wie in seinem eigenen Leben eine so große Rolle gespielt hat. Wenigstens aber wollen wir hier von dem bis ins einzelne geschilderten Ablauf des Septetts die Phase festhalten, in der das «Freudenmotiv» sich endlich siegreich über alle anderen hinweg durchsetzt:

... es war jetzt nicht mehr ein fast angstvoller, hinter einem leeren Himmel aufklingender Appell, sondern eine unsägliche Freude, so verschieden von der Sonate wie von einem sanften, ernsten theorbespielenden Engel Bellinis ein in Scharlach gekleideter Erzengel Mantegnas, der in die Drommete stößt. Ich wußte, daß ich diese neue Färbung von Freude, diesen Appell zu überirdischem Glück nie vergessen würde. Aber wird er für mich auch je zu verwirklichen sein? Diese Frage schien mir um so wichtiger, als das Thema etwas war, was am besten – in einer Weise, die zu dem

* S.222f

** I, 307f, 310f, 324f, 391, 507f; II, 253f usw.

ganzen übrigen Leben der sichtbaren Welt im Gegensatz stand – jene Eindrücke hätte charakterisieren können, die ich in weiten Abständen in meinem Leben wiederfand wie Malsteine, wie Markierungen für den Bau eines wahrhaften Lebens: der Eindruck, den ich angesichts der Kirchtürme von Martinville gehabt hatte oder vor einer Baumreihe in der Nähe von Balbec ... (V, 390)

Noch einmal steigt hinter dem nur scheinbaren, fälschlich als «wirklich» bezeichneten Leben das wahre – ein Leben, das Freude ist – auf. Noch einmal verspürt der Erzähler das Bedürfnis, dieses ungreifbare, unstofflich Wirkliche, das so flüchtig ist, zu «verwirklichen». Mit welchen Mitteln aber? Wieder vergeht eine Zeit, und nun lichtet sich endlich die Musik Vinteuils oder vielmehr das, was man beim Anhören dieser Klänge erlebt, für den Erzähler auf:

Diese Musik ... schien mir wahrer als alle bekannten Bücher. In gewissen Augenblicken dachte ich, es rühre daher, daß alles, was wir im Leben fühlen, da es ja nicht in Gestalt von Ideen auftritt, durch seine Umsetzung ins Literarische, das heißt vom Intellekt Gestaltete, berichtet, erklärt, analysiert, jedoch nicht wieder zu einem Ganzen zusammgefügt wird, wie es durch die Musik geschieht, in der die Töne die Stimme des Wesens selbst zu sein, jene innerste und äußerste Erstreckung der Empfindungen wiederzugeben scheinen, welche uns jenen spezifischen Rauschzustand schenken, in den wir von Zeit zu Zeit wieder aufs neue geraten, den wir aber, wenn wir sagen: «Welch schönes Wetter! Welch schöner Sonnenschein!», keineswegs unserem Nächsten vermitteln, in dem die gleiche Sonne und das gleiche Wetter ganz andere Schwingungen erzeugen. In der Musik Vinteuils gab es Visionen, die man unmöglich ausdrücken kann und beinahe nicht betrachten darf, weil, wenn man im Einschlummern das Schmeicheln ihrer unwirklichen Verzauberung an sich erfährt, in dem Augenblick, in dem die Vernunft schon von uns gewichen ist, die Augen sich verschließen und man, bevor man noch Zeit gefunden hat, das nicht nur Unaussagbare, sondern auch Unsichtbare kennenzulernen, eingeschlafen ist. Wenn ich mich der Hypothese überließ, die Kunst sei etwas Wirkliches, schien es mir, daß die Musik sogar mehr als die bloße frohe Nervenerregung durch schönes Wetter oder eine Opiumnacht wiedergeben kann, nämlich einen wirklicheren, fruchtbareren Rausch, soweit ich es mir jedenfalls ahnend vorzustellen vermochte. Es ist aber unmöglich, daß ein Bildwerk, ein Musikstück, wenn sie uns eine innere Bewegung schenken, die wir als etwas Höheres, Reineres, Wahreres empfinden, nicht einer bestimmten spiritualen Wirklichkeit entsprechen, sonst hätte das Leben jedensfalls keinen Sinn. So kam nichts in so hohem Maße wie ein schönes Thema bei Vinteuil dem ganz besonderen Vergnügen gleich, das ich ein paarmal in meinem Leben verspürt hatte, zum Beispiel vor den Kirchtürmen von Martinville, oder jenen Bäumen an einer Landstraße bei Balbec, oder noch einfacher zu Anfang dieses Werkes beim Trinken einer

Tasse Tee ... Und als ich wieder an die Einheitlichkeit des Vinteuilschen Werkes zurückdachte, erklärte ich Albertine, daß die großen Schriftsteller immer nur ein einziges Werk geschaffen oder vielmehr ein und dieselbe Schönheit, die sie der Welt bringen, gebrochen durch verschiedene Medien, uns vor Augen geführt haben. «Wenn es nicht so spät wäre, mein Kleines», sagte ich zu ihr, «würde ich dir das bei allen Schriftstellern nachweisen, die du immer noch liest, während ich schlafe; ich würde dir die gleiche dem Gesamtwerk innewohnende Identität wie bei Vinteuil zeigen. Diesen typischen Themen, die du wie ich herauszuerkennen beginnst, kleine Albertine, die die gleichen in der Sonate, dem Septett, den anderen Werken sind, würde zum Beispiel bei Barbey d'Aurevilly, wenn du willst, eine verborgene Wirklichkeit entsprechen, die sich in einer materiellen Spur verrät, der physiologischen Röte der «Ensorcelée», Aimée de Spens, La Clotte, die Hand im «Rideau cramoisi» ...

Aber während ... ich an Vinteuil dachte, trat wieder die andere Hypothese, die materialistische, die des Nichts, vor mich hin. Ich fing von neuem zu zweifeln an, ich sagte mir, daß doch möglicherweise, wenn die Themen Vinteuils mir der Ausdruck gewisser Seelenzustände zu sein schienen ähnlich dem, den ich hatte, als ich die in eine Tasse Tee eingetauchte Madeleine schmeckte, nichts mir die Gewißheit gab, daß das Unbestimmte solcher Zustände ein Zeichen ihrer Tiefe und nicht vielmehr ein Beweis einzig dafür sei, daß wir sie noch nicht zu analysieren vermocht haben, somit also nichts Wirklicheres an ihnen wäre als an anderen. Dennoch war jenes Glück, jenes Gefühl der Sicherheit im Glück, das ich hatte, als ich die Tasse Tee trank oder in den Champs-Élysées einen Geruch nach altem Holz verspürte, keine Illusion. Auf alle Fälle, sagte der Geist des Zweifels in mir, selbst wenn diese Zustände im Leben tiefer als andere und gerade deshalb unanalysierbar sind, weil sie zuviele Kräfte in Bewegung setzen, über die wir uns noch nicht klargeworden sind, so erinnert der Reiz gewisser Themen Vinteuils an sie, weil auch er unanalysierbar ist; das jedoch beweist nicht, daß er dieselbe Tiefe erreicht. Die Schönheit eines rein musikalischen Themas scheint leicht das Abbild eines nicht verstandesmäßigen Eindrucks, den wir gehabt haben, oder wenigstens mit ihm verwandt zu sein, aber doch einfach nur, weil sie selbst nicht verstandesmäßig ist. Warum aber halten wir dann bestimmte geheimnisvolle Themen, die durch gewisse Quartette und das «Konzert» Vinteuils geistern, für besonders tief? (V, 565–567, 575)

So halten wir uns – sogar noch am Ende des fünften Bandes – beim Zweifel, bei einer Frage auf. Einen großen Fortschritt aber haben wir gleichwohl zu verzeichnen: von den noch ganz unverarbeiteten bloßen Empfindungen des Lebens hat der Erzähler sich zu den subtilen Eindrücken der Kunst emporgeschwungen. Den Übergang von den einen zu den anderen hat er vorausgefühlt. Wir sind nun der letzten Erleuchtung nicht mehr fern, derjenigen, die uns *Die wiedergefundene Zeit*, der

Band, zu dem wir jetzt gelangen, erst schenken wird, was nicht bedeutet – das sei hier noch einmal gesagt –, daß sie dem Verfasser (oder Erzähler) etwa bis dahin unbekannt geblieben ist: ganz im Gegenteil sogar, da ja die Bände, in denen wir den Weg seines Geistes zu seiner Entdeckung hin verfolgen, erst von dieser Entdeckung her ihre letzte Fassung erhalten konnten. Man muß bis in die Mitte des letzten Bandes vorgedrungen sein, um zu sehen, wie der Erzähler zu der Überzeugung kommt, daß für ihn das einzige Mittel, gewisse Offenbarungen zu meistern (wie die der kleinen Madeleine, der Kirchtürme von Martinville, des Septetts von Vinteuil), darin besteht, daß er sie zum Stoff eines künstlerischen Werkes macht. Dieses Werk aber ist unter unseren Augen vom ersten Band an entstanden. Hier nun sind wir endlich bei seiner Vollendung angelangt.

Als der Erzähler sich zu einem Empfang bei der Prinzessin von Guermantes begibt, denkt er trauervoll an *jene Müdigkeit und jenen Unmut* ..., mit denen er *am Tage zuvor versucht hatte, die Linie festzuhalten, die in einer der Landschaften, welche als die schönsten Frankreichs gelten, auf den Bäumen das Licht vom Dunkel schied* (VII, 280–281) – ein Bemühen um eine Freilichtstudie, bei dem wir uns nicht wundern, daß es sich als eitel erweist, wenn von einem solchen Ateliermaler unternommen, wie der noch dazu in ein dunkles, abgedämpftes, für Geräusche und Gerüche der Außenwelt undurchdringliches Atelier eingeschlossene Marcel Proust einer ist, dem Nachschöpfer eines Universums nur, zu dem die Krankheit ihm (abgesehen von seltenen Ausnahmen) jeglichen Kontakt verlegte, das er aber in sich selber fand und wahrheitsgetreuer wiedergab, als er es hätte tun können, wenn er Blumen, Menschen und Steine – seine Modelle – hätte vor Augen haben können*. Auf Grund welcher Transposition aber wohl? Wir haben davon schon eine ahnende Vorstellung erhalten, Proust aber wird uns vollends die Erklärung geben.

Der Erzähler hängt also traurigen Gedanken über seine Schaffensunfähigkeit nach. Dennoch ist die Stunde der Erleuchtung da:

Als ich die traurigen Gedanken, von denen ich eben sprach, noch in mir bewegte, war ich in den Hof des Guermantesschen Palais eingetreten und hatte in meiner Zerstreuung nicht bemerkt, daß ein Wagen sich näherte; beim Anruf des Chauffeurs hatte ich nur gerade noch Zeit, rasch auf die Seite zu springen. Ich wich so weit zurück, daß ich unwillkürlich auf die schlecht behauenen Pflastersteine trat, hinter denen eine Remise lag. In dem Augenblick aber, als ich wieder Halt fand und meinen Fuß auf einen Stein setzte, der etwas höher war als der vorige, schwand meine ganze Mutlosigkeit vor der gleichen Beseligung dahin, die mir zu verschie-

* Wenig Tiere erscheinen in diesem Werk, in dem vielmehr die Menschen eine Art von Bestiarium bilden.

Schloß Roussainville

denen Epochen meines Lebens einmal der Anblick von Bäumen geschenkt hatte, die ich auf einer Wagenfahrt in der Nähe von Balbec wiederzuerkennen gemeint hatte, ein andermal der Anblick der Kirchtürme von Martinville oder der Geschmack einer Madeleine, die in einen Teeaufguß eingetaucht war, sowie noch viele andere Empfindungen, von denen ich gesprochen habe und die mir in den letzten Werken Vinteuils zu einer Synthese miteinander verschmolzen schienen. Wie in dem Augenblick, in dem ich die Madeleine gekostet hatte, waren alle Sorgen um meine Zukunft, alle Zweifel meines Verstandes zerstreut. Die Bedenken, die mich eben noch wegen der Realität meiner literarischen Begabung, ja der Literatur selbst befallen hatten, waren wie durch Zauberschlag behoben. Ohne daß ich irgendeine neue Überlegung angestellt oder irgendein entscheidendes Argument gefunden hätte, hatten die soeben noch unlösbaren Schwierigkeiten alles Gewicht verloren. Diesmal aber war ich fest entschlossen, mich nicht damit abzufinden, daß ich nie das «Weshalb» kennen würde, wie ich es an jenem Tag getan hatte, an dem ich die in Tee getauchte Madeleine auf der Zunge verspürte. Die Beseligung, die ich eben empfunden hatte, war tatsächlich ganz die gleiche wie diejenige, die ich beim Geschmack der Madeleine gefühlt und deren tiefe Gründe zu suchen ich damals aufgeschoben hatte. Der rein materielle Unterschied lag in den Bildern, die dadurch heraufbeschworen wurden; ein tiefes Azurblau berauschte meine Augen, Eindrücke von Kühle, von blendendem Licht wirbelten um mich her, und in meinen Verlangen, sie zu erfassen, ohne daß ich deswegen eher mich zu rühren wagte als damals, da ich den Geschmack der Madeleine wahrnahm und versuchte, bis zu mir vordringen zu lassen, was er mir ins Gedächtnis rief, blieb ich ohne Rücksicht darauf, ob ich die zahlreich versammelte Schar der Chauffeure zum Lachen reizte, in schwankender Haltung stehen, wie ich es eben schon getan hatte, während mein einer Fuß auf dem hohen Pflasterstein, der andere auf dem niedrigeren ruhte. Sooft ich nur rein materiell dieses gleiche Auf- und Abtreten vollzog, blieb es ergebnislos für mich; sobald es mir aber gelang, die Matinée bei den Guermantes zu vergessen und wiederzufinden, was ich empfunden hatte, als ich in dieser Weise meine Füße aufsetzte, war mir von neuem die undeutlich aufblendende Vision ganz nahe und schien mir zu sagen: «Hasche mich, wenn du die Kraft in dir hast, und versuche das Rätsel des Glücks, das ich dir biete, zu lösen.» Fast gleich darauf erkannte ich sie: es war Venedig, über das mir meine Bemühungen, es zu beschreiben, und die angeblich von meinem Gedächtnis festge-

Die Mühle von Monjouvin

In Venedig

haltenen Augenblicksbilder nie etwas hatten sagen können, das mir aber eine Empfindung, wie ich sie einst auf zwei ungleichen Bodenplatten im Baptisterium von San Marco gehabt hatte, samt allen an jenem Tage mit dieser einen verknüpften Empfindungen, die damals abwartend an ihrem Platz in der Reihe vergessener Tage geblieben waren, aus denen sie ein jäher Zufall gebieterisch herausentboten hatte, von neuem schenkte. In der gleichen Weise hatte der Geschmack der kleinen Madeleine Combray in mein Gedächtnis zurückgeführt. Warum aber hatten mir die Bilder von Combray und von Venedig in dem einen und anderen Augenblick soviel Freude gegeben, Freude, die einer Gewißheit gleichkam und ohne sonstige Beweise genügte, mir den Tod gleichgültig erscheinen zu lassen? (VII, 282–285)

Als der Erzähler in die Bibliothek getreten ist, um dort das Ende des Musikstücks abzuwarten, das im Salon gespielt wird, fährt er in seiner Betrachtung fort. Da nun fordert ein zweiter, darauf ein dritter geheimnisvoller Appell ihn auf, bei seiner Aufgabe auszuharren: das Geräusch eines Löffelchens, das an einen Teller schlägt, das harte Reiben einer Serviette an seinen Lippen verschaffen ihm ein ganz gleichartiges Glücksgefühl dadurch, daß sie ihm eine frühere Reise mit der Eisenbahn (ein Bahnangestellter klopfte damals mit einem Hammer an ein Rad, wobei ein ähnliches Geräusch wie das von dem Löffelchen hervorgebrachte entstand) und seinen Aufenthalt in Balbec (wo er beim Gebrauch eines Handtuchs die gleiche Empfindung gehabt hatte) vergegenwärtigen.

Da ich mich nur allzudeutlich daran erinnerte, wie verhältnismäßig gleichgültig Swann früher von den Tagen hatte sprechen können, da er noch geliebt worden war, weil er hinter diesen Worten etwas anderes als diese Tage sah, dann aber an den jähen Schmerz, den das kleine Thema Vinteuils ihm bereitete, indem es für ihn diese Tage selbst noch einmal so heraufführte, wie er sie ehedem erlebt hatte, begriff ich nur zu gut, daß das, was die Wahrnehmung der ungleichen Fliesen, die Steifheit der Serviette, der Geschmack der Madeleine in mir geweckt hatten, keine Beziehung zu dem besaß, was ich mir jetzt oft von Venedig, von Balbec, von Combray mit Hilfe eines alle Dinge gleichmäßig erfassenden Gedächtnisses in die Erinnerung zu rufen trachtete; ich begriff daraufhin, daß man das Leben mittelmäßig finden konnte, obwohl es in gewissen Augenblikken so schön erschien, weil man es in diesem Fall nach allem anderen, nur nicht gemäß ihm selbst – nach Bildern, die nichts mehr von ihm enthielten – kritisierte und abschätzig beurteilte.

... Ich ging sehr rasch über das alles hinweg, da mich weit zwingender die Aufgabe rief, nach dem Grunde jenes Glücks, dem Wesen der Gewißheit zu forschen, mit der es mich überwältigte – eine in früherer Zeit zunächst noch hinausgeschobene Untersuchung. Diese Ursache aber erriet ich nunmehr, wenn ich untereinander jene verschiedenen beseligenden

Eindrücke verglich, die das gemeinsam hatten, daß ich sie zugleich im gegenwärtigen Augenblick und in einem entfernten erlebte, bis schließlich die Vergangenheit auf die Gegenwart übergriff und ich selbst sofort nicht mehr unsicher war, in welcher von beiden ich mich befand; in der Tat war es so, daß das Wesen, das damals in mir jenen Eindruck verspürt hatte, ihn jetzt in dem wiederfand, was es an Gemeinsamem zwischen einem Tage von ehemals und dem heutigen gab, was daran außerhalb der Zeit gelegen war; es war ein Wesen, das nur dann in Erscheinung trat, wenn es auf Grund einer solchen Identität zwischen Gegenwart und Vergangenheit sich in dem einzigen Lebenselement befand, in dem es existieren und die Essenz der Dinge genießen konnte, das heißt außerhalb der Zeit. Dadurch erklärte sich, daß meine Sorgen um meinen Tod in dem Augenblick ein Ende gefunden hatten, in dem ich unbewußt den Geschmack der kleinen Madeleine wiedererkannte, weil in diesem Augenblick das Wesen, das ich zuvor gewesen war, außerzeitlich wurde und daher den Wechselfällen der Zukunft unbesorgt gegenüberstand. Nur außerhalb des Handelns und unmittelbaren Genießens war dieses Wesen zu mir gekommen, hatte es sich manifestiert, sooft das Wunder einer Analogie mich der Gegenwart enthob. Es hatte als einziges die Macht, mich zu den alten Tagen, der verlorenen Zeit wieder hinfinden zu lassen, während gerade das den Bemühungen meines Gedächtnisses und Verstandes immer wieder mißlang.

... Ein wirklicher Augenblick der Vergangenheit.

Nur ein Augenblick der Vergangenheit? Vielleicht weit mehr als das; etwas, was – zugleich der Vergangenheit und der Gegenwart zugehörig – viel wesentlicher als beide ist. So viele Male hatte im Laufe meines Lebens die Wirklichkeit mich enttäuscht, weil in dem Augenblick, da ich sie wahrnahm, meine Einbildungskraft, die mein einziges Organ für den Genuß der Schönheit war, sich nicht dafür verwenden ließ, auf Grund des unumstößlichen Gesetzes, daß einzig das Abwesende Gegenstand der Imagination sein kann. Hier nun hatte sich plötzlich die Wirkung dieses harten Gesetzes als neutralisiert und aufgehoben erwiesen durch einen wundervollen Kunstgriff der Natur, die eine Empfindung einmal in der Vergangenheit aufschillern ließ, was meiner Einbildungskraft sie zu genießen gestattete, zugleich aber auch in der Gegenwart, in der nun die wirkliche Aktivierung meiner Sinne durch das Geräusch, die Berührung zu den Träumen der Einbildungskraft das hinzutat, was ihnen gewöhnlich fehlte, das heißt die Idee der Existenz; dank diesem Auskunftsmittel aber hatte sie meinem Wesen für die Dauer eines Blitzes erlaubt, etwas zu erlangen, zu sondern und festzuhalten, was es niemals erahnt hatte: ein kleines Quantum reiner Zeit. Das Wesen, das in mir wiedergeboren war, als ich derart vor Glück erbebend das Geräusch vernahm, das zugleich dem Löffel, der den Teller berührt, und dem Hammer eigen ist, mit dem man auf ein Rad klopft, sowie das Gemeinsame auch in der Ungleichheit der Pfla-

sterung des Guermantesschen Hofes und der des Baptisteriums der Markuskirche verspürte, dieses Wesen nähert sich einzig von der Essenz der Dinge und findet in ihr allein seinen Bestand und seine Beseligung. Es kümmert traurig dahin bei der Beobachtung der Gegenwart, in der die Sinne ihm jene Essenz nicht zur Verfügung zu stellen vermögen, bei der Betrachtung einer Vergangenheit, die der Verstand ihm ausgedörrt verabfolgt, bei der Erwartung einer Zukunft, die der Wille aus Bruchstücken der Gegenwart und der Vergangenheit zusammensetzt, denen er noch dazu ihren Wirklichkeitsgehalt entzieht, da er von ihnen nur beibehält, was dem utilitaristischen, eng auf Menschliches beschränkten Zweck entspricht, den er ihnen zuerkennt. Sobald aber ein bereits gehörtes Geräusch, ein schon vormals eingeatmeter Duft von neuem wahrgenommen wird, und zwar als ein gleichzeitig Gegenwärtiges und Vergangenes, ein Wirkliches, das gleichwohl nicht dem Augenblick angehört, ein Ideelles, das deswegen dennoch nichts Abstraktes bleibt, wird auf der Stelle die ständig vorhandene, aber gewöhnlich verborgene Wesenssubstanz aller Dinge frei, und unser wahres Ich, das manchmal seit langem tot schien, aber es doch nicht völlig war, erwacht und gewinnt neues Leben aus der göttlichen Speise, die ihm zugeführt wird. Eine aus der Ordnung der Zeit herausgehobene Minute hat in uns, damit er sie erlebe, den von der Ordnung der Zeit freigewordenen Menschen wieder neu erschaffen. Man kann aber wohl verstehen, daß dieser nun Vertrauen zu seiner Freude faßt, selbst wenn der einfache Geschmack einer Madeleine nicht logischerweise die Gründe für diese Freude zu enthalten scheint, verstehen auch, daß das Wort Tod keinen Sinn für ihn hat; was könnte er, der Zeit enthoben, für die Zukunft fürchten?

Doch diese Blicktäuschung, die einen mit der Gegenwart unvereinbaren Augenblick der Vergangenheit dicht vor mich rückte, hielt nicht an. Gewiß kann man den Schauspielern des willkürlichen Gedächtnisses, das keine größere Menge unserer Kräfte bindet als das Durchblättern eines Bilderbuches, längere Dauer verleihen. So hatte ich einst, zum Beispiel an dem Tage, an dem ich zum erstenmal zu der Prinzessin von Guermantes gehen sollte, von dem besonnten Hof unseres Pariser Hauses aus völlig nach meiner Wahl träge den Kirchplatz oder den Strand von Balbec betrachtet und mit dem egoistischen Vergnügen des Sammlers bei der Katalogisierung der Illustrationen meines Gedächnisses mir gesagt: «Wie viele schöne Dinge habe ich doch in meinem Leben gesehen.» Dann bestätigte mein Gedächtnis zwar die Verschiedenheit der Empfindungen, aber es tat nichts weiter, als homogene Elemente miteinander zu kombinieren. Bei den drei Erinnerungen, die ich jetzt eben gehabt hatte und bei denen ich, anstatt mir eine schmeichelhaftere Vorstellung von meinem Ich zu machen, im Gegenteil fast an der gegenwärtigen Wirklichkeit dieses Ich gezweifelt hatte, war es jedoch nicht mehr so gewesen. Genau wie an dem Tag, an dem ich die Madeleine in den heißen Tee getaucht hatte, hatte sich

Ferien in Cabourg

in mir im Schoße der Stätte, an der ich mich befand – ob diese nun wie an jenem Tage mein Zimmer in Paris oder wie heute, in diesem Augenblick, die Bibliothek des Prinzen von Guermantes, oder noch etwas früher der Hof seines Stadthauses war –, eine Empfindung gebildet (der Geschmack der eingetauchten Madeleine, das metallische Geräusch, das Gefühl der ungleichen Bodenhöhe), deren Strahlung noch eine schmale Zone rings um mich her durchdrang und dem Ort, an dem ich mich befand, sowie auch einem anderen Ort (dem Zimmer meiner Tante Léonie, dem Eisenbahnabteil, dem Baptisterium der Markuskirche) gemeinsam zugehörig war. In dem Augenblick aber, in dem ich auf diese Weise argumentierte, verspürte ich bei dem durchdringenden Ton des Dampfes im Rohr, einem Ton, der dem langezogenen Tuten ähnlich war, das manchmal im Sommer die Vergnügungsdampfer abends in Balbec draußen auf dem Meer vernehmen ließen, weit mehr (so wie es mir schon einmal in Paris in einem großen Restaurant beim Anblick eines luxuriösen, halb leeren, sommerlich warmen Speisesaals ergangen war) als nur ein Empfinden, das einfach demjenigen analog war, das ich am Spätnachmittag in Balbec gehabt hatte. Im übrigen war es nicht nur ein Echo, nicht ein Doppel einer vergangenen Empfindung, das ich beim Geräusch der Dampfröhre von neuem erlebte, sondern jene Empfindung selbst. In diesem Falle wie in allen vorhergehenden hatte die gemeinsame Empfindung versucht, um sich herum den alten Ort zu schaffen, während der gegenwärtige, der dessen Platz einnahm, sich dem Einbruch eines normannischen Strandes oder einer Eisenbahnböschung in ein Pariser Stadtpalais mit seinem ganzen Gewicht hartnäckig widersetzte. Der auf das Meer geöffnete Speisesaal in Balbec mit seiner Damastwäsche, die wie ein Altartuch hingebreitet schien, um den Sonnenuntergang zu empfangen, hatte versucht, das feste Gefüge des Guermantesschen Palais zu erschüttern, seine Türen aufzusprengen und einen Augenblick die Kanapees rings um mich her ins Schwanken gebracht wie an einem früheren Tage die Tische des Restaurants in Paris. Immer hielt sich bei diesen Auferstehungen der ferne Ort, der um die gemeinsame Empfindung her aufwuchs, mit dem gegenwärtigen einen Augenblick lang wie ein Ringkämpfer eng umschlungen. Immer war der gegenwärtige Ort als Sieger hervorgegangen, immer jedoch war der Besiegte mir als der Schönere erschienen, so schön, daß ich auf dem ungleichen Pflaster wie vor der Tasse Tee in Verzückung verfallen war und versucht hatte, Combray, wie Venedig, wie Balbec in den Momenten festzuhalten, in denen sie auftauchten, und sie wiedererscheinen zu lassen, sobald sie mir entschwanden – jene Stätten, die mich überfluteten und wieder zurückwichen, die heranbrandeten, um mich dann wieder inmitten der neuen, aber für die Vergangenheit durchlässigen Stätte allein zurückzulassen. Wenn aber diese gegenwärtige Stätte sich nicht auf der Stelle durchgesetzt hätte, wäre mir, glaube ich, das Bewußtsein geschwunden; denn solche Wiederauferstehungen der Vergangenheit sind in der Sekun-

de, die sie dauern, so allumfassend, daß sie nicht nur unsere Augen zwingen, das Zimmer zu ignorieren, das unmittelbar vor ihnen liegt, und statt dessen den mit Bäumen bestandenen Weg oder die steigende Flut zu betrachten; sie zwingen auch unsere Nase, die Luft der gleichwohl fernen Stätten einzuatmen, unseren Willen, unter den verschiedenen Möglichkeiten zu wählen, die sie uns anbieten, unsere ganze Person, sich von ihnen umringt zu glauben oder wenigstens zwischen ihnen und den gegenwärtigen Stätten in dem Schwindel einer Ungewißheit zu schwanken, welche derjenigen gleicht, die man manchmal im Augenblick des Einschlafens angesichts einer unausprechlichen Vision verspürt.

So geschah es, daß das, wovon das drei- oder viermal in mir neu erweckte Wesen gekostet hatte, vielleicht sehr wohl der Zeit entzogene Fragmente des Daseins waren. Aber diese Betrachtung, obwohl ihrem Wesen nach ewigkeitlich, blieb etwas Flüchtiges. Dennoch verspürte ich, daß das Vergnügen, das sie mir in seltenen, weit voneinander getrennten Momenten meines Lebens gegeben hatte, das einzig fruchtbare und allein echte war … Daher war ich jetzt entschlossen, mich an diese Betrachtung der Essenz der Dinge zu klammern, sie festzuhalten – aber wie, mit welchen Mitteln denn? In dem Augenblick zweifellos, in dem die Steifheit der Serviette mir Balbec wiedergeschenkt und eine kurze Weile meine Einbildungskraft nicht nur mit dem Anblick des Meeres, wie es an jenem Morgen erschien, sondern auch mit dem Duft des Zimmers, der Schnelligkeit des Windes, dem Verlangen nach dem Mittagessen, dem ungewissen Schwanken zwischen den verschiedenen Spaziergängen umschmeichelt hatte – alles das wie tausend Engelsflügel an meine Empfindung bei der Berührung der Wäsche geheftet –, auch in jenem andern Augenblick zweifellos, in dem die Ungleichheit der beiden Bodenplatten, die dürr und winzig gewordenen Bilder, die ich von Venedig und der Markuskirche in mir trug, nach allen Richtungen und Erstreckungen hin um alle die Empfindungen verlängert hatte, die ich dort durchlebt, wobei sie den Platz mit der Kirche, die Reede mit dem Platz, den Kanal mit der Reede, mit allem aber, was die Augen sehen, jene Welt von Wünschen verbanden, die man nur im Geiste sieht, hatte ich mich versucht gefühlt, zwar wegen der Jahreszeit nicht gerade eine Spazierfahrt auf den für mich vorwiegend frühlingshaften Wassern von Venedig zu unternehmen, wohl aber wenigstens nach Balbec zurückzukehren. Doch hielt ich mich nicht einen Augenblick bei diesem Gedanken auf …

Eindrücke von der Art derjenigen, die ich festzuhalten versuchte, konnten bei dem Kontakt mit einem unmittelbaren Genuß, der unfähig gewesen ist, sie zum Leben zu erwecken, nur verloren gehen. Die einzige Art, sie nachhaltiger zu genießen, bestand in dem Versuch, sie vollständig da zu erkennen, wo sie sich befanden, das heißt in mir selbst, sie bis in ihre Tiefen klar und deutlich zu machen. Ich hatte das Vergnügen in Balbec ebensowenig finden können wie später das des gemeinsamen Lebens mit

Albertine, das mir erst nachträglich wahrnehmbar geworden war. Die Rekapitulation aber der Enttäuschungen meines bislang gelebten Lebens, die ich anstellte, der Enttäuschungen, die mich glauben machten, ihre Realität müsse ihren Sitz anderswo als im Handeln haben, reihte nicht in einer rein willkürlichen und nur an den Gegebenheiten meines Daseins haftenden Weise die verschiedenen betrogenen Erwartungen nebeneinander auf. Ich fühlte sehr wohl, daß die Enttäuschung der Reise, die Enttäuschung der Liebe nicht verschiedene Enttäuschungen waren, sondern nur der sich wandelnde Aspekt, den ja nach dem Faktum, an das er sich heftet, unsere Ohnmacht annimmt, sich im materiellen Genuß, im tatsächlichen Tun zu verwirklichen.

Doch gleich nachdem ich an diese Wiederauferweckungen durch die Kraft des Gedächtnisses gedacht hatte, besann ich mich darauf, daß auf eine andere Weise dunkle Eindrücke manchmal – und sogar schon in Combray auf dem Wege nach Guermantes – mein Denken angesprochen hatten nach Art jener Reminiszenzen, die nicht eine Empfindung von einst, sondern eine neue Wahrheit, ein kostbares Bild bargen, die ich durch Bemühungen der gleichen Art zu entdecken versuchte, wie man sie macht, um sich an etwas zu erinnern, ganz als ob unsere schönsten Ideen Melodien glichen, die uns wieder einfielen, ohne daß wir sie jemals gehört hätten, und die wir uns nun bemühten zu hören und in uns aufzuzeichnen. Ich erinnerte mich mit Vergnügen daran, weil es mir zeigte, daß ich damals schon der gleiche war, und weil es einen grundlegenden Zug meiner Natur aufdeckte, mit Trauer andererseits, wenn ich daran dachte, daß ich seit damals keinerlei Fortschritte gemacht hatte, daß ich schon in Combray aufmerksam irgendein Bild geistig vor mich hinzustellen bemüht war, das meine Blicke mit Gewalt angezogen hatte, eine Wolke, ein Dreieck, einen Kirchturm, eine Blume, einen Kieselstein, wobei ich das Gefühl hatte, daß sich hinter diesen Zeichen vielleicht etwas ganz anderes verbarg, was zu entdecken ich versuchen müßte: einen Gedanken, den sie nach Art jener Hieroglyphen übersetzten, die zunächst materielle Dinge vorzustellen scheinen. Zweifellos war diese Entzifferung schwierig, aber sie allein gab eine Wahrheit zu lesen. Denn die Wahrheiten, die der Verstand unmittelbar und eindeutig in der Welt des hellen Tageslichts aufgreift, besitzen weniger Tiefe, weniger Notwendigkeit als diejenigen, die das Leben uns ohne unser Zutun in einem Eindruck mitgeteilt hat, der zwar materieller Natur ist, weil er durch die Sinne zu uns dringt, aus dem wir aber das geistige Element dennoch herauslösen können. Kurz und gut, in dem einen wie dem anderen Fall, ob es sich nun um Eindrücke wie denjenigen handelt, den mir der Anblick der Kirchtürme von Martinville geschenkt hatte, oder um Reminiszenzen wie bei der Ungleichheit der beiden Steinplatten oder dem Geschmack der Madeleine auftauchenden, ich mußte versuchen, die Empfindungen als die Zeichen ebenso vieler Gesetze und Ideen zu deuten, indem ich zu denken, das heißt aus dem Halb-

Das Flüßchen Loir (ein Nebenfluß der Sarthe) bei Illiers

dunkel hervortreten zu lassen und in ein spirituales Äquivalent umzusetzen versuchte, was ich empfunden hatte. Was anderes aber war dieses Mittel nun – das mir das einzige zu sein schien – als das Schaffen eines Kunstwerks? (VII, 287–302)

So entdeckt der Erzähler, daß *einzig eine grobe und irrige Art der Wahrnehmung alles in das Objekt verlegt, während es doch vielmehr im Geiste ist* (VII, 354). Er hatte seine Großmutter zum Beispiel in Wirklichkeit erst viele Monate nach ihrem tatsächlichen Tod verloren. Er hatte eine gleiche Person sich wandeln sehen je nach der Vorstellung, die er selbst oder aber andere von ihr hatten (so Swann am Anfang des Romans, die Prinzessin von Luxemburg, je nachdem, ob der Kammerpräsident oder der Erzähler sie sah) und selbst ein und dasselbe Wesen im Laufe der Jahre (zum Beispiel der Name Guermantes oder die Person Swanns für den Erzähler selbst); denn *unaufhörlich wechseln die menschlichen Wesen im Verhältnis zu uns ihren Platz. In dem spürbaren aber ewigen Lauf der Welt halten wir sie für unbeweglich, denn unsere Sicht von ihnen ist zu kurz, als daß wir die Bewegung, die sie weitertreibt, wirklich feststellen könnten* (IV, 640). Er hatte gesehen, wie die Liebe in eine Person hineinlegte, was nur in Swann oder in ihm selbst vorhanden war, die sie beide Liebende waren, und auf diese Weise den außerordentlichen Abstand festgestellt, der Liebe und objektive Wirklichkeit voneinander trennt (Rahel, wie sie Saint-Loup und wie sie ihm selbst, Albertine, wie sie ihm und andererseits Saint-Loup, Morel, wie er Charlus und dementgegen anderen erschien):

Im übrigen haben die Frauen, für die ich das meiste empfunden habe, sich niemals mit meiner Liebe im richtigen Gleichtakt befunden. Diese Liebe war wirklich, da ich ja der Möglichkeit, die Geliebte zu sehen, sie ganz für mich zu behalten, alle Dinge hintanstellte und schluchzte, wenn ich eines Abends auf sie hatte warten müssen. Aber diese Geliebten hatten eher die Eigenschaft, meine Liebe zu wecken und aufs äußerste zu steigern, als daß sie davon ein Abbild gewesen wären. Wenn ich sie sah, sie hörte, fand ich nichts in ihnen, was meiner Liebe glich und sie erklären konnte. Dennoch war meine einzige Freude, sie zu sehen, meine einzige Beängstigung, auf sie warten zu müssen. (IV, 798f)

Aus solchen entmutigenden Erfahrungen jedoch hatte er ein von stärkenden Kräften erfülltes Kunstwerk herzustellen gewußt: ein Buch, dessen Held ganz wie er ein Gefühl der Schönheit und Beschwingtheit nur zu empfinden vermochte, wenn zu einer gegenwärtigen Empfindung, und wäre sie noch so unbedeutend, eine andere gleiche hinzutrat, die *jene erste über mehrere Epochen zugleich ausbreitete* und in seiner Seele *die Leere, welche die Einzelempfindungen darin noch beließen, mit einer allgemein gültigen Essenz ausfüllte* (VII, 363). Diese freizumachen aber war gerade die Rolle, die diesem Buch zufiel. So stellte dieses Kunstwerk – sein Roman – «außerzeitliche» Wirklichkeiten klar und formulierte sie, während es sie zugleich in der Zeit beließ, *in der alles webt und sich wandelt – die Menschen, die Gesellschaften, die Nationen* (VII, 384).

Zweifellos fügten alle diese verschiedenen Ebenen, auf welche die Zeit, seitdem ich mir die Gelegenheit dieses Festes ihrer wieder deutlich bewußt geworden war, mein Leben nacheinander verlegte, indem es mir den Gedanken suggerierte, daß man in einem Buche, welches eine davon würde schildern wollen, im Gegensatz zu der planen Psychologie, die man gewöhnlich anwendet, eine Art von Raumpsychologie benutzen müsse, den Auferstehungen, die mein Gedächtnis zustande gebracht hatte, eine neue Schönheit hinzu, seitdem ich mich in der Bibliothek ganz für mich meinen Überlegungen überließ, insofern das Gedächtnis, indem es die Vergangenheit in unveränderter Gestalt in die Gegenwart einführt – so nämlich, wie sie sich in dem Augenblick präsentierte, als sie selbst noch Gegenwart war –, gerade jene große Dimension der Zeit zum Verschwinden brachte, in der das Leben sich realisiert. (VII, 538)

Wir wissen jetzt, was dem Proust von *Jean Santeuil* noch fehlte, erst recht aber den Schriftstellern, die vor ihm sich an ephemeren Wiedererweckungen der vergangenen Zeit versucht hatten: in ihrem Bemühen um das Festhalten einer Vergangenheit, die in ihrer Gesamtheit verloren schien, gelangten sie einzig zu Evokationen, die ebenso flüchtig und gestaltlos waren wie die ersten Eindrücke selbst. Daher blieb denn auch *Die wiedergefundene Zeit* etwa Fragmentarisches. Der Proust jedoch der *Suche nach der verlorenen Zeit* hat es nach Ausarbeitung einer Methode, die bei seiner Art der Anwendung zu einer Kunst wurde, verstanden, kraft seines Genies (zunächst aber kraft seiner Arbeit) die originale Ablaufsfolge der untergegangenen und dennoch für immer gegenwärtigen Dauer noch einmal nachzuschaffen. Der Geschmack der Madeleine war ursprünglich (wie für Rousseau der Anblick des Sinngrüns, der Geruch des Heliotrops für Chateaubriand) nur eine Empfindung gewesen, um Die sich ein Strahlenkranz von Erinnerungen wob. Als Schilderer einer «verlorenen Zeit», die zur «wiedergefundenen Zeit» wird, geht Proust diesem Geschmack in seinem ewig lebendigen Ursprungsmilieu nach, in dem er beschlossen lag. Er bringt eine Wiedererweckung zuwege, die einer Rekonstruktion gleichkommt: *So stiegen ... alles deutlich und greifbar, die Stadt und die Gärten auf aus meiner Tasse Tee.* (I, 75) Das sind Schlüsselworte: die Deutlichkeit und Greifbarkeit eines stoffgewordenen Werkes, einer Schöpfung der Kunst.

Nun verstehen wir auch, weshalb es so vieler Jahre der Meditation und des Suchens von seiten des Erzählers bedurfte, bis er seine Methode fand und sie anwenden konnte. Jedes Kunstwerk, das diesen Namen verdient, ist eine totale Schöpfung: es geht in ihm darum, die *unbekannten Zeichen* zu entziffern, die in dem Buch seines Innern aufgezeichnet sind, *erhaben hervortretende Zeichen*, die seine um sein Unbewußtes forschend bemühte Aufmerksamkeit *suchte, an die sie streifte, die sie um-*

kreiste wie ein Taucher, der in die Tiefe steigt (VII, 303), wobei ihm *niemand mit irgendeiner Regel beispringen* konnte, denn das Lesen in diesem Buch *stellte einen Schöpfungsakt dar*, bei dem keiner ihn ersetzen oder auch nur mit ihm zusammenwirken konnte:

Nicht, daß Ideen, die wir selbst gestalten, nicht logisch richtig sein können, aber ob sie wahr sind, wissen wir gleichwohl nicht. Nur der Eindruck, wie hauchdünn auch seine Substanz zu sein scheint, wie ungreifbar seine Spuren, ist ein Kriterium der Wahrheit und verdient daher als einziges geistig akzeptiert zu werden, denn nur er ist imstande, wenn unser Geist jene Wahrheit daraus zu destillieren weiß, diesen zu größerer Vollendung zu führen und ihm wahrhaft reine Freude zu schenken. Der Eindruck ist für den Schriftsteller, was das Experiment für den Naturwissenschaftler ist, mit dem Unterschied, daß bei dem Naturwissenschaftler die Arbeit des Verstandes vorausgeht, bei dem Schriftsteller aber folgt. Was wir nicht durch unser persönliches Bemühen erst haben entziffern, erst haben aufhellen müssen, was schon klar war, ehe wir darauf stießen, gehört uns nicht eigentlich an. Aus uns selbst kommt nur, was wir ganz allein aus dem Dunkel unseres Innern herausholen, das den anderen unzugänglich ist ... Da aber die Kunst genau das Leben nachbildet, wird um die Wahrheiten, zu denen man gelangt ist, immer ein Hauch von Poesie, die Süße eines Geheimnisses schweben, die nichts anderes als die Spur jenes Halbdunkels ist, das wir haben durchwallen müssen ... (VII, 303–304, 332)

So war ich bereits bei dem Schluß angekommen, daß wir dem Kunstwerk gegenüber keineswegs frei sind, daß wir es nicht nach unserm Belieben schaffen, daß es in uns bereits präexistiert und wir es daher, weil es notwendig zugleich und verborgen ist, erst entdecken müssen, wie es uns auch mit einem Naturgesetz erginge. War aber nicht diese Entdeckung, zu der die Kunst uns verhelfen konnte, im Grunde die Entdeckung dessen, was uns das Kostbarste sein müßte, gewöhnlich uns aber für immer unbekannt bleibt: unser wahres Leben, die Wirklichkeit, wie wir sie verspürt haben, wie sie aber doch von dem, was wir glauben, so erheblich abweicht, daß wir ein derart starkes Glück empfinden, wenn uns ein Zufall die wirkliche Erinnerung daran entgegenträgt? Ich versicherte mich dieser Tatsache gerade durch den trügerischen Charakter der sogenannten realistischen Kunst, die nicht so verlogen wäre, wenn wir nicht im Leben die Gewohnheit angenommen hätten, dem, was wir fühlen, einen Ausdruck zu geben, der sich gewaltig davon entfernt, den wir aber nach kurzer Zeit für die Wirklichkeit halten. (VII, 305)

Schwieriges Lesen in uns selbst, «Herauslesen» dessen, was schon vor dem Kunstwerk in uns existent war ... wahres Leben ... Glück: das ist die fundamentale Ästhetik Prousts, seine Ethik, die wir in *Jean Santeuil* bereits vorgeformt finden.* Dort treffen wir alles schon an, sogar die

* Vgl. z. B. II, S. 29f

Begriffe «Glück» und «wahres Leben», die die Schlußsteine jenes Baues sind, den Marcel Proust mit seinem Werk errichtet hat – dazu seine Grundthemen auch: die Schöpfung, die man nicht verwirklichen kann, ohne sie sich zu verdienen, die Poesie, die einen «wirklicheren» Gewinn darstellt als die Wirklichkeit selbst, das Geheimnis jener Wandlung der Wirklichkeit zur Literatur. Ein anderer Schlüssel der *Suche nach der verlorenen Zeit** – wie im übrigen jeden Kunstwerks – besteht in dem Übergang von der bloßen Beobachtung anderer Wesen zur Wahrnehmung ihrer wahren Wesenssubstanz, dergestalt daß wir uns in Gegenwart von etwas finden, *was tiefer ist als sie selbst, was ihr Wesensgrund, ihre Wirklichkeit wird*:

So kam es, daß an jenem Tage, als Bertrand de Réveillon, um schneller zu mir zu kommen, ein mit Gästen überfülltes Café in der Form durcheilte, daß er über Tische und Sitzbänke hinweg mir entgegenlief, diese seine Gebärde ... meinen Geist mit etwas Tieferem konfrontierte als dem bloßen Beobachtungsgeist und eine tiefere Wirklichkeit vor ihn hinrückte als ein nur von außen her betrachtetes menschliches Wesen, mir eine Art von Freude schenkte, und aus ihm, wie er da über die Tische lief auf Grund von Kräften, die er selbst nicht ahnte, etwas Unwirklicheres, Anmutiges und überaus Reizvolles machte ... Der Freund hat seine Schönheit, mit der unsere Gründe, ihn zu lieben, leider nichts zu tun haben. Denn die Schönheit, die sich hinter jener tieferen Bedeutung verbirgt, ist eine Wahrheit, deren Träger und Symbol, jedoch nicht Schöpfer das Individuum ist. Daher kommt es, daß die Wahrnehmung einer solchen Beziehung, insofern sie in uns einzig den Sinn für das Universale anspricht, uns nur Freude schenken kann. (J. S. I, 289, 295f)

Was man aus diesem Abschnitt besonders festhalten muß ist der so eminent proustische Begriff der «Freude», der hier an zwei Stellen seinen Ausdruck findet. Denn mehr noch als Anfälligkeiten des Herzens gibt es bei Proust «Anfälle von Glück». Woher kommt dies auf einmal aufbrechende Freudegefühl? Das ist die Frage, auf die unser Autor uns nun eine Antwort geben soll.

Wir finden ihre Spur als nächstes wieder in dem Band *Im Schatten junger Mädchenblüte*:

In diesem Augenblick mußte ich Gilberte einen Moment verlassen, Françoise hatte mich gerufen. Ich sollte sie in einen kleinen grünbewachsenen Pavillon begleiten, der den kleinen, nicht mehr als solche benutzten Zollhäuschen im alten Paris ähnlich und in dem seit kurzem installiert war, was man in England «Lavabo» und in Frankreich auf Grund einer fehlgeleiteten Anglomanie als «Water-Closets» bezeichnet. Die feuchten, alten Mauern des Eingangsraums, in dem ich auf Françoise wartete, hauchten eine etwas muffige Kühle aus, die mir auf der Stelle die Sorgen,

* Vgl. z. B. V, 32f und VII, 335f

Der Garten in Illiers

die mich auf Grund der mir durch Gilberte mitgeteilten Worte Swanns befallen hatten, weniger drückend erscheinen ließ und mir ein Wohlgefühl schenkte, das nicht wie gewisse andere war, die uns unruhiger machen, unfähig, ihnen zu widerstehen oder sie wirklich auszuschöpfen, sondern im Gegenteil in einem soliden Genuß bestand, der widerstandsfähig, köstlich, friedevoll und mit einer stetigen unerklärlichen und doch zuverlässigen Wahrheit beladen schien. Ich hätte gern, wie früher in der Gegend von Guermantes, den Versuch gemacht, in den Zauber dieses Zustands tiefer einzudringen, der über mich gekommen war, und unbeweglich mit aller Sorgfalt diesen Duft wie nach alten Dingen zu prüfen, der mich nicht in Versuchung führte, das Vergnügen, das er mir gleichsam nur am Rande bot, auszukosten, sondern in die Wirklichkeit vorzustoßen, die er mir nicht offenbarte. Aber die Pächterin des Etablissements, eine alte Dame mit dick gepuderten Wangen und einer roten Perücke, fing zu sprechen an. (II, 98–99)

... Als ich nach Hause kam, stand mir in plötzlichem Erinnern das bislang verborgene Bild vor Augen, das mir, ohne daß ich es klar gesehen oder wiedererkannt hatte, in der fast modrigen Kühle des umrankten Pavillons so nahe gewesen war. Es war das Bild des kleinen Ruhegemachs meines Onkels Adolphe in Combray, das tatsächlich ganz den gleichen Modergeruch an sich gehabt hatte. Doch konnte ich nicht begreifen und hob mir für später auf, darüber nachzudenken, wieso die Erinnerung an einen so unbedeutenden Eindruck mir solches Glück geschenkt habe. Bis dahin aber kam es mir vor, als verdiene ich wirklich die Nichtachtung von Monsieur de Norpois ; allen Schriftstellern zog ich einen, wie er es nannte, bloßen «Flötenspieler» vor, und ein wahrhafter Rauschzustand wurde mir nicht durch eine große Idee, sondern durch Moderduft zuteil. (II, 102) ... wo er den wahren Zweck seiner «Suche» präzisiert: die Freude ... *Aber ebenso wie bei der Reise nach Balbec, der Reise nach Venedig, die ich mir so glühend gewünscht hatte, war das, was ich von dieser Matinée* (bei der er die Berma hören sollte) *erwartete, etwas ganz anderes als ein Vergnügen, nämlich vielmehr die Begegnung mit Wahrheiten, die einer wirklicheren Welt angehörten als der, in welcher ich lebte, und deren einmal gewonnener Ertrag mir nicht durch belanglose, wenn auch vielleicht körperlich schmerzhafte Zwischenfälle meines müßigen Daseins je geraubt werden könnte* (II, 25–26), um endlich in *Die wiedergefundene Zeit* (VII, 327–328) ein entscheidendes Licht auf seine Entdeckung fallen zu lassen – auf jenes «wahre Leben», um dessentwillen wir ihn in einem Brief an Georges de Lauris den Ruf haben aufnehmen sehen, den einst im Namen aller Dichter Rimbaud hat ertönen lassen.

Die Größe der wahren Kunst im Gegenteil derjenigen, die Monsieur de Norpois als Dilettantenspielerei bezeichnet hätte, lag darin beschlossen, jene Wirklichkeit, von der wir so weit entfernt leben, wiederzufinden, wieder zu erfassen und uns bekanntzugeben, die Wirklichkeit, von der wir uns immer mehr entfernen, je mehr die konventionelle Kenntnis, die wir an ihre Stelle setzen, an Dichte und Undurchdringlichkeit gewinnt, jene Wirklichkeit, ohne deren wahre Kenntnis wir am Ende noch sterben und die doch ganz einfach unser Leben ist. Das wahre Leben, das endlich entdeckte und aufgehellte, das einzige infolgedessen von uns wahrhaft gelebte Leben, ist die Literatur: jenes Leben, das in gewissem Sinne bei allen Menschen so gut wie bei dem Künstler in jedem Augenblick wohnt. Sie sehen es nicht, weil sie es nicht dem Licht auszusetzen versuchen, infolgedessen aber ist ihre Vergangenheit von unzähligen Negativen angefüllt, die ganz ungenützt bleiben, da ihr Verstand sie nicht «entwickelt» hat.

Zeittafel

1870	3. September. Dr. Adrien Proust heiratet Mlle Jeanne Weil.
1871	10. Juli. Geburt Marcel Prousts im Haus seines Onkels von mütterlicher Seite Louis Weil, Rue La Fontaine in Auteuil.
1873	24. Mai. Marcels Bruder Robert wird geboren.
1880	Erster Asthma-Anfall Marcels.
1882	Eintritt in das Lycée Condorcet.
1887–1888	Marcel besucht die Unterprima des Lycée Condorcet. Sein Lehrer, Maxime Gaucher, ahnt bereits seine geniale Begabung.
1888–1889	Oberprima. Darlu übt auf Marcel einen tiefen Eindruck aus. Marcel erhält den «Prix d'honneur de Philosophie».
1889	Bergson veröffentlicht seine Abhandlung über «Les données immédiates de la conscience». Noch bevor er zum Militär einberufen wird, dient Proust ein Jahr als Freiwilliger im Infanterieregiment Nr. 76 (Garnison Orléans). Rangiert als 63. unter 64 in der Ausbildungskompanie. Verbringt seine Sonntage in Paris.
1890	Eintritt in die École des Sciences politiques. Er hört dort die Vorlesungen von Albert Sorel, Anatole Leroy-Beaulieu und Albert Vandal. Belegt an der Sorbonne die Vorlesungen Bergsons.
1892	Aufenthalt in Trouville. Verfaßt im August *Violante ou la Mondanité* (später in *Les Plaisirs et les Jours* aufgenommen). Seine Krankheit hat sich verschlimmert, läßt ihm aber zwischendurch immer noch lange Zeit Ruhe. Er veröffentlicht mehrere Prosastücke in der im gleichen Jahr gegründeten Zeitschrift «Le Banquet». Besteht im August die Prüfung für die «Licence en Lettres».
1893	Proust macht bei Madeleine Lemaire die Bekanntschaft des Grafen Robert de Montesquiou. Veröffentlicht mehrere Artikel in «Le Banquet» und in der «Revue blanche». Aufenthalte in Trouville und St. Moritz. Am 3. Oktober stirbt in Paris sein Freund William Heath, dem er später *Les Plaisirs et les Jours* widmet.
1894	Sommeraufenthalt in Trouville. Am 15. Oktober Verhaftung des Hauptmanns Dreyfus, der am 22. Dezember auf die Teufelsinsel deportiert wird.
1895	Am 14. Januar veröffentlicht Proust (im «Gaulois») *Un dimanche au Conservatoire*, am 11. Dezember in der gleichen Zeitung einen weiteren Artikel: *Figures parisiennes: Saint-Saëns*. Jacques-Émile Blanche porträtiert ihn. Proust bewirbt sich bei einem «Concours» um den Posten eines nicht remunerierten Assistenten an der Mazarin-Biblio-

thek. Er wird nach kurzer Prüfung angenommen und dem Unterrichtsministerium zugeteilt. Beantragt und erhält einen Urlaub von einem Jahr. Im Oktober Aufenthalt in Begmeil. Tod seiner Großmutter mütterlicherseits.

1896 Bei Calmann-Lévy erscheint Prousts erstes Werk, *Les Plaisirs et les Jours*, mit einer Vorrede von Anatole France, Illustrationen von Madeleine Lemaire und musikalischen Beigaben von Reynaldo Hahn. Außerdem erscheint in diesem Jahr bei «Au Ménestrel» ein kleiner Band *Portraits de peintres*, ferner vier Stücke für Klavier von Reynaldo Hahn zu Gedichten von Marcel Proust. Dieser schreibt außerdem für die «Revue blanche» einen Text, den er 1921 teilweise in die Vorrede zu «Tendres Stocks» von Paul Morand übernimmt.

1896–1904 Proust schreibt einen Roman von tausend Seiten, der unvollendet und vollkommen unbekannt bleibt, bis er postum im Jahre 1952 unter dem Titel *Jean Santeuil* erscheint.

1897 Proust duelliert sich (im Februar) in La Tour de Villebon mit Jean Lorrain, der sich in der Presse über *Les Plaisirs et les Jours* beleidigend geäußert hatte. Er veröffentlicht eine Kritik in der «Revue d'art dramatique» und in «La Presse» vom 19. Dezember ein *Adieu à Alphonse Daudet.*

1898 Im Februar Zola-Prozeß. Marcel Proust steht auf seiten von Dreyfus.

1899 Proust wird am 9. Februar zum viertenmal für ein Jahr von der Mazarin-Bibliothek beurlaubt. Im Juni Freilassung von Dreyfus. Im September Aufenthalt Marcel Prousts in Évian.

1900 Reise nach Venedig. Proust veröffentlicht im «Figaro» vom 13. Februar seine *Pèlerinages ruskiniens* und in der April-Nummer des «Mercure de France»: *Ruskin à Notre-Dame d'Amiens* – eine Vorrede zu The Bible of Amiens, welche in etwas abgeänderter Gestalt in *Pastiches et Mélanges* erneut Aufnahme findet. Am 1. März wird seine Tätigkeit an der Mazarin-Bibliothek endgültig gekündigt; er erhält den Posten auch nicht zurück. Professor Adrien Proust, seine Frau und sein Sohn Marcel vertauschen die Wohnung am Boulevard Malesherbe Nr. 9 mit einer anderen in der Rue de Courcelles Nr. 45.

1903 Unter dem Pseudonym «Dominique» veröffentlicht Proust im «Figaro» vom 25. Februar: *Un salon historique: le salon de S. A. I. la princesse Mathilde*. Es folgen Artikel über weitere Salons, die er zuweilen mit «Horatio» zeichnet. Aufenthalt in Évian. Am 26. November Tod des Professors Adrien Proust.

1904 August: Marcel Proust macht auf der Segelyacht von Paul Mirabaud, dem Schwiegervater seines Freundes Robert de Billy, eine Fahrt längs der bretonischen Küste. Am 16. August veröffentlicht er im «Figaro» unter dem Titel *La mort des cathédrales, une conséquence du projet Briand* einen Artikel, in dem er für die bedrohten Kirchen eintritt. Im gleichen Jahr erscheint seine Übersetzung der «Bible of Amiens» von Ruskin, die er mit einer Vorrede und Anmerkungen versieht.

1905 Am 15. Juni erscheint in «La Renaissance latine» unter dem Titel *Sur la lecture* seine Vorrede zu «Sesame and Lilies» von Ruskin, die später mit gewissen Änderungen in *Pastiches et Mélanges* aufgenommen wird. In Évian, wo sich Proust im August mit seiner Mutter befindet, wird diese ernstlich krank. Er bringt sie am 13. September nach Paris zurück, wo sie am 26. stirbt.

Von Anfang Dezember bis Ende Januar 1906 macht Proust eine Kur im Sanatorium von Boulogne-sur-Seine.

1905–1912 Marcel Proust verfaßt einen großen Teil an *À la Recherche du Temps perdu*.

1906 Seine Übersetzung von Ruskins «Sesame and Lilies» erscheint (*Sésame et les Lys*). Aufenthalt im Hôtel des Réservoirs in Versailles. Er zieht um und wohnt nunmehr Boulevard Haussmann Nr. 102

1907 Er veröffentlicht im «Figaro» vom 1. Februar *Sentiments filiaux d'un parricide* (wird in *Pastiches et Mélanges* aufgenommen) und in der Nummer vom 20. März *Journées de lecture*. Weitere Aufsätze erscheinen in den Nummern vom 15. Juli, 23. Juli, 19. November. Aufenthalt in Cabourg.

1908 Der «Figaro» bringt in seinen Nummern vom 22. Februar, 14. März und 21. März *L'Affaire Lemoine* – Pasticcios, die in *Pastiches et Mélanges* ihren Platz finden. Proust verbringt den Sommer in Cabourg, dann in Versailles.

1909 Er liest Reynaldo Hahn den Anfang von *Du Côté de chez Swann* (*Swanns Welt*) vor, das er auch Georges de Lauris zur Lektüre überläßt. Aufenthalt in Cabourg im August.

1910 Wohnt der Generalprobe eines Balletts von Reynaldo Hahn, «La Fête chez Thérèse», bei und besucht Vorführungen des russischen Balletts. Sommer in Cabourg.

1911 August in Cabourg.

1912 *Épines blanches, épines roses* im «Figaro» vom 21. März. Andere (überarbeitete) Auszüge aus *À la Recherche du Temps perdu* folgen im gleichen Jahr und im selben Blatt: *Rayon de soleil sur le balcon, L'église de village* und andere.

Proust abonniert sich auf das Theatrophon und hört dort Wagner sowie Debussys «Pelléas».

August und September in Cabourg.

1913 Im «Temps» vom 12. November kündigt ein Artikel von Elie-Joseph Bois für den übernächsten Tag das Erscheinen (bei Bernard Grasset) von *Du Côté de chez Swann* an (wobei aber nicht gesagt wird, daß es sich, da alle Verlage, darunter Gallimard, das Manuskript von Proust zurückgewiesen haben, um einen vom Autor finanzierten Privatdruck handelt). Ein Artikel von Lucien Daudet über *Swanns Welt* erscheint im «Figaro» vom 23. November, ein ebenfalls *Swann* gewidmetes Feuilleton von Paul Souday im «Temps» vom 10. Dezember.

1914 Die «Nouvelle Revue Française» vom 1. Januar bringt eine «Henri Ghéon» gezeichnete Notiz über *Swann*. Voll Reue und Bewunderung bringt dieselbe Zeitschrift im Juni und Juli Auszüge aus *Du Côté de Guermantes* (die in Wirklichkeit in den Band *Jeunes Filles en Fleurs* gehören). Der Krieg unterbricht die Veröffentlichung von *À la Recherche du Temps perdu*. Septemberaufenthalt Prousts in Cabourg.

1919 Mit sechs gegen vier Stimmen (die den «Croix de bois» von Roland Dorgelès zufallen) wird der Prix Goncourt am 10. November dem

Band *À l'Ombre des jeunes Filles en Fleurs (Im Schatten junger Mädchenblüte)* zugesprochen, der soeben bei Gallimard erschienen ist. Gleichfalls erscheinen jetzt die *Pastiches et Mélanges*. Proust verfaßt eine Vorrede für «De David à Degas» von J.-É. Blanche. Er muß seine Wohnung am Boulevard Haussmann räumen, da das inzwischen von seiner Tante verkaufte Haus in eine Bank umgewandelt wird. Ein paar Monate wohnt er möbliert in der Rue Laurent-Pichat, dann richtet er sich «provisorisch» in der Rue Hamelin 44 ein, in jener fünften Etage, die er bis zu seinem Tod nicht mehr verlassen wird.

1920 Erscheinen von *Le Côté de Guermantes* (*Die Welt der Guermantes*), Bd. I. Die «Nouvelle Revue Française» veröffentlicht: *À propos du style de Flaubert*.

1921 Erscheinen des zweiten Bandes der *Guermantes* und des ersten von *Sodome et Gomorrhe*. Neuausgabe von *Les Plaisirs et les Jours*. Vorrede zu «Tendres Stocks» von Paul Morand. *À propos de Baudelaire* erscheint in der Juni-Nummer der «Nouvelle Revue Française». Bei einem gemeinsamen Besuch einer Ausstellung holländischer Meister im Musée du Jeu de Paume mit Jean-Louis Vaudoyer wird Proust von einem Unwohlsein befallen, auf Grund dessen er den Tod Bergottes beschreibt. Am 11. Dezember Tod des Grafen Robert de Montesquiou.

1922 Erscheinen des zweiten Bandes von *Sodome et Gomorrhe*. Im Oktober holt sich Proust auf dem Weg zu dem Grafen Étienne de Beaumont eine Bronchitis.
18. November: Tod Marcel Prousts.

1923 *La Prisonnière* (*Die Gefangene*) (Bd. I und II). Von diesem Zeitpunkt an beschäftigt sich Professor Robert Proust mit der Herausgabe der Werke seines Bruders.

1925 *Albertine disparue* (*Die Entflohene*).

1927 *Le temps retrouvé* (*Die wiedergefundene Zeit*) (Bd. I und II).

1928 *Chroniques*, eine Sammlung verschiedener Artikel.

1930 Erster Band der *Correspondance générale* in einer von Robert Proust und Paul Brach besorgten Ausgabe.

1935 Im Mai Tod von Professor Robert Proust. Seine Tochter Madame Gérard Mante-Proust setzt sich von da an in materieller und geistiger Hinsicht für das Werk ihres Onkels ein.

1952 Erscheinen von *Jean Santeuil* bei Gallimard in einer durch Bernard de Fallois nach einem zur Hälfte zerrissenen und nicht paginierten Manuskript rekonstruierten Fassung.

Zeugnisse

Colette

Er war ein junger Mann zu dem Zeitpunkt, als ich selbst eine junge Frau war, aber nicht dadurch lernte ich ihn kennen. Ich begegnete Marcel Proust mittwochs bei Madame de Caillavet, hatte jedoch wenig Sinn für seine übergroße Höflichkeit, die übertriebene Aufmerksamkeit, die er seinen Gesprächspartnern (zumal den Frauen) widmete, eine Aufmerksamkeit, die allzusehr den Altersunterschied zwischen ihnen und ihm betonte. Das kam wohl daher, daß er selbst ungewöhnlich jung erschien, jünger als alle Männer, als alle jungen Frauen. Große, umschattete, melancholische Augen, ein bald rosig überhauchter, bald völlig bleicher Teint, ein Mund, der im Schweigen zusammengepreßt, geschlossen wirkte wie für einen Kuß ... Gesellschaftsanzug und eine immer etwas unordentliche Tolle waren charakteristisch für ihn.

Lange Jahre hindurch sah ich ihn nicht mehr. Da macht mir eines Tages Louis de Robert *Swanns Welt* zum Geschenk ... Welche Eroberung bot sich mir dar! Der wirre Zaubergarten der Kindheit, der Jugend tat sich wieder auf, jetzt aber aufgehellt und licht bis in schwindelnde Weiten ...: alles, was man hätte schreiben mögen, was man zu schreiben jedoch weder wagte noch imstande war, der Widerschein des Alls auf langhinströmender Flut, zerwirrt durch Überfülle. Louis de Robert soll heute ruhig erfahren, weshalb ich ihm damals nicht dankte: ich vergaß es einfach, ich schrieb nur noch an Proust.

Wir wechselten Briefe, doch wiedergesehen habe ich ihn während der letzten zehn Jahre seines Lebens kaum öfter als noch zweimal. Bei der letzten Begegnung zeigte alles an ihm durch eine gewisse Hast und Übersteigerung das nahe Ende an. Mitten in der Nacht empfing er in der zu dieser Stunde leeren Halle des «Ritz» vier oder fünf seiner Freunde. Unter einer offenen Otterfellpelerine sah man den Frack und das Galahemd, dazu die schon halb gelöste Schleife aus weißem Batist. Er fand mit Reden, obwohl er nur mit Mühe sprach, und mit Spaßen kein Ende. Wegen der Kälte behielt er unter Entschuldigungen den nach hinten gerückten Zylinderhut auf dem Kopf, das fächerförmig geschnittene Stirnhaar fiel ihm ins Gesicht. Sein an sich normaler Abendanzug war durcheinandergewirrt wie von einem tobenden Sturm, der ihm den Hut in den

Nacken schob, das Frackhemd und die flatternden Enden der weißen Binde zerknüllte, die Falten der Wangen und die Augenhöhlen, sowie den schweratmenden Mund mit schwarzer Asche bestäubte und den ganzen auf schwanken Füßen stehenden Jüngling von fünfzig Jahren in den Tod hineinzupeitschen schien.

Léon-Paul Fargue
Er wirkte wie ein Mensch, der nicht in frischer Luft und im Tageslicht lebt, wie ein Eremit, der lange schon seine hohle Eiche nicht mehr verlassen hat. Gleichzeitig lag auf seinem Gesicht etwas Beklommenes, etwas wie ein Kummer, der im Abklingen war. Sein Wesen atmete eine bittere Güte.

Ramon Fernandez
Eine höchst wunderbare, behutsame, abwesende, deutlich skandierte, aber gedämpfte Stimme, deren Klang jenseits von Zähnen und Lippen, ja der Kehle sogar, in den Regionen des Geistes zu entstehen schien ... Wundervolle Augen, die sich geradezu stofflich auf Möbel, Wände, Kunstgegenstände hefteten; mit allen Poren schien er die in einem Zimmer, im gegenwärtigen Augenblick, in mir selbst enthaltene Wirklichkeit in sich einzusaugen, und die Art von Ekstase, die sich auf seinem Antlitz widerspiegelte, glich tatsächlich der des Mediums, das unsichtbare Botschaften von den Dingen empfängt. Er schwelgte in Ausdrücken der Bewunderung, die ich nicht einmal als schmeichelhaft ansah, da er ein Meisterwerk überall da erstehen ließ, wo seine Blicke ruhten ...

Fernand Gregh
Ich traf ihn gelegentlich bei den Straus – einen eleganten jungen Mann im Frack, mit einer Kamelie im Knopfloch und mit einem Plastron, das immer ein wenig zerknittert war, weil er damals schon ermüdet in sich zusammensank, doch mit einem Blick aus wundervollen Augen – in deren Lidwinkel ein von Geist durchsprühtes Licht aufzuckte –, den er über die Versammlung gleiten ließ; er war damals auf dem Höhepunkt seiner Weltmannsexistenz, er war der Prinzessin Mathilde vorgestellt worden und hatte die alte Dame ganz für sich eingenommen ... Ich traf ihn dann nochmals im Hôtel des Roches Noires in Trouville, wo er von seinem Zimmer aus zwischen seinen ersten Asthmaanfällen die Sonnenuntergänge über dem Kanal anschaute, deren vergängliches Wolkenspiel er für immer festgehalten hat ... oder auch bei «Weber» in der Rue Royal, wo er zuweilen gegen Mitternacht wie ein Geist erschien, im heißesten Sommer selbst immer im Überzieher, das Hemd am Hals mit einer Watteschicht ausgelegt, von der ihm einzelne Zipfel über den Rockkragen hingen, und wo eines Abends, nachdem er eine Zeitlang sich den Bart hatte stehen lassen, ganz plötzlich ein Rabbiner, der sein Vorfahr

gewesen sein mag, hinter den Zügen des charmanten Marcel Proust hervorblickte, den wir alle kannten.

Edmond Jaloux
Er war (1917) durch seine äußere Erscheinung, die ihm umgebende Atmosphäre etwas so Eigenartiges, daß einen bei seinem Anblick eine Art von Betroffenheit befiel. Er hatte an der gewöhnlichen Menschheit nicht teil; stets schien er aus einem Alptraum hervorzutreten, aus einer anderen Epoche, vielleicht aus einer anderen Welt. Doch aus welcher wohl? Niemals konnte er sich entschließen, auf die Moden seiner Jugendzeit endlich zu verzichten. Er trug noch immer den sehr hohen steifen Kragen, das gestärkte Vorhemd, die weit ausgeschnittene Weste und den geraden Selbstbinder dazu. Er näherte sich seinem Vis-à-vis mit einer gewissen befangenen Langsamkeit, mit verlegenem Staunen. Er trat einem nicht entgegen, er war auf einmal da. Es war unmöglich, sich nicht nach ihm umzudrehen, nicht frappiert zu sein von seiner ungewöhnlichen Physiognomie, an der von Natur aus alles die Maße zu übersteigen schien.

Etwas stark, mit fülligem Gesicht, fiel er vor allem durch seine Augen auf: es waren wundervolle, etwas feminine Orientalenaugen, deren zärtlicher, glühender, schmeichelnder, doch passiver Blick an den der Hirschkuh oder der Antilope erinnerte. Die oberen Lider waren leicht gewölbt (wie bei Jean Lorrain), und das ganze Auge lag eingebettet in dunkle, so stark markierte Ringe, daß sein Gesicht zugleich leidenschaftlich und von physischem Leiden gezeichnet schien. Sein dichtes, schwarzes, immer zu langes Haar bildete um seinen Kopf eine feste Kappe. Erstaunlich wirkte auch der übertrieben entwickelte Oberkörper, den Léon Daudet mit einer Hühnerbrust verglich, wobei er darauf hinwies, daß ihm auch dieser Zug mit Jean Lorrain gemeinsam war.

Offen gestanden befriedigt mich diese Bemerkung nur wenig; es fehlt darin ein gewisses Etwas, das gerade seine Eigenart war: eine Mischung von physischer Schwere und flüchtiger Grazie des Wortes und der Gedanken, von zeremoniöser Höflichkeit und von Nonchalance, von scheinbarer Kraft und weibischem Gehaben. Dazu kam noch etwas Verhaltenes, Verschwommenes, Geistesabwesendes; man konnte manchmal meinen, er gehe mit Höflichkeiten nur so verschwenderisch um, damit er sich desto besser entziehen, seine geheimen Schlupfwinkel aufsuchen, in das angstvoll gehütete Geheimnis seines Geistes wieder zurückkehren könne. Man befand sich gleichzeitig einem Kind und einem uralten Mandarin gegenüber.

Während des gesamten Abendessens war er wie immer, nachdem er sich ausgeklagt hatte, außerordentlich vergnügt, gesprächig und charmant. Er hatte eine ungemein mitreißende Art zu lachen, bis er plötzlich sich nicht mehr halten konnte und den Mund hinter der Hand verbarg wie ein Schuljunge, der sich beim Unterricht amüsiert und von dem Lehrer nicht gefaßt werden will. Hatte er den Eindruck, seine Heiterkeit sei ein so ausgefallenes Phänomen, daß er sie verbergen müsse, oder hatte diese Gebärde einen unmittelbaren Sinn?

François Mauriac
Er kam mir eher klein vor in seinem sehr eng geschnittenen Frack, in dem er mit durchgedrücktem Kreuz erschien. Das dichte schwarze Haar beschattete, durch Einnahme von Drogen, wie mir schien, geweitete Pupillen. Von einem sehr hohen Kragen gewürgt, das Frackhemd vorgewölbt wie über einem übermäßig ausgebildeten Brustbein, heftete er auf mich seinen Blick eines Nachtmenschen, dessen Starrheit mich einschüchterte. Ich sehe noch vor mir das düstere Zimmer in der Rue Hamelin mit dem geschwärzten Kamin, das Bett, auf dem der Mantel als Bettdecke lag, die wächserne Maske, die unser Wirt eigens zu tragen schien, um uns beim Essen zuzusehen, und an der einzig das Haar über der Stirn noch lebendig wirkte. Er selbst hatte keinen Teil mehr an der Nahrung der Welt. Die finstere Feindin, von der Baudelaire spricht, die Zeit, «die das Leben verzehrt» und «aus dem Blut, das wir verlieren, wächst und Kraft gewinnt», kondensierte und materialisierte sich zu den Häupten Prousts, der selbst schon halb im Nichtsein weste, und wurde dort zu dem ungeheuer wuchernden Schwammgebilde, das aus seines Schöpfers Substanz seine Nahrung zog, zu seinem Werk: Die wiedergefundene Zeit.

Bibliographie

1. Bibliographien und Hilfsmittel

SILVA RAMOS, G. DA: Bibliographie proustienne. In: Les Cahiers Marcel Proust. Vol. 6. Paris 1932. S. 13–86

PIERRE-QUINT, LÉON: Comment travaillait Proust. Bibliographies, variantes, lettres de Proust. Paris 1928

Bulletin de la Société des Amis de Marcel Proust et des Amis de Combray. Nr. 1 ff. (1950 ff)

SPALDING, PHILIP A.: A reader's handbook to Proust. Index guide to Remembrance of things past. London 1952

DAUDET, CHARLES: Répertoire des personnages de À la Recherche du Temps perdu. Précédé de: La vie sociale dans l'œuvre de Marcel Proust. Par RAMON FERNANDEZ. Paris 1928 (Les Cahiers Marcel Proust. 2)

Études proustiennes. Vol. 1 ff. Paris 1973 ff

GRAHAM, VICTOR F.: Bibliographie des études sur Marcel Proust et son œuvre. Genève 1976

NEWMANN-GORDON, PAULINE: Dictionnaire des idées dans l'œuvre de Marcel Proust. The Hague 1968 (Collection Dictionnaire des idées dans les littératures occidentales. Littérature française. Ser. 1,3)

BONNET, HENRI: Marcel Proust de 1907 à 1914. Paris 1976

GRAHAM, VICTOR E.: Bibliographie des études sur Marcel Proust et son œuvre. Genf 1976

ALDEN, D.: Marcel Proust's Grasset Proofs. Chapel Hill 1978

PISTORIUS, GEORGE: Marcel Proust und Deutschland. Eine Bibliographie. Heidelberg 1981

2. Werke und Übersetzungen

Les Plaisirs et les Jours. Préface d'ANATOLE FRANCE. Paris 1896. – Tage der Freuden. Übertr. von ERNST WEISS. Berlin 1926. – Neuausgabe. Berlin 1955; Frankfurt a. M. 1965 (Bibliothek Suhrkamp. 164)

À la Recherche du Temps perdu. T. 1–8. Paris 1914–1927. 1. Du Côté de chez Swann. 1914 – 2. À l'Ombre des jeunes Filles en Fleurs. 1918 – 3. Le Côté de Guermantes I. 1920 – 4. Le Côté de Guermantes II. Sodome et Gomorrhe I. 1921 – 5. Sodome et Gomorrhe II. 3. vols. 1922 – 6. Sodome et Gomorrhe III. La Prisonnière. 2 vols. 1923 – 7. Albertine disparue. 2 vols. 1925 – 8. Le Temps retrouvé. 2 vols. 1927 – Texte établi et présenté par Pierre Clarac et Andé Ferré. 3. vols. Paris 1954 (Bibliothèque de la Pléïade)

– Auf den Spuren der verlorenen Zeit. Roman. 3 Bde. Berlin (München) 1926 –1930
1. Der Weg zu Swann. (Übertr. von RUDOLF SCHOTTLÄNDER)
2. Im Schatten der jungen Mädchen (Übertr. von WALTER BENJAMIN und FRANZ HESSEL)
3. Die Herzogin von Guermantes. (Übertr. von FRANZ HESSEL und WALTER BENJAMIN)
– Auf der Suche nach der verlorenen Zeit. Übers. von EVA RECHEL-MERTENS. Frankfurt a. M. 1953–1957
1. In Swanns Welt – 2. Im Schatten junger Mädchenblüte – 3. Die Welt der Guermantes – 4. Sodom und Gomorrha – 5. Die Gefangene – 6. Die Entflohene – 7. Die wiedergefundene Zeit.

Pastiches et Mélanges. Paris 1919

Chroniques. Paris 1927

Le Balzac de Monsieur de Guermantes avec quatre dessins de l'autner. Neuchâtel et Paris 1950

Jean Santeuil. Préface d'ANDRÉ MAUROIS. 3 vols. Paris 1952 – Jean Santeuil. 2 Bde. Übertr. von EVA RECHEL-MERTENS. Frankfurt a. M. 1965

Contre Sainte-Beuve suivi de nouveaux Mélanges. Préface de BERNARD DE FALLOIS. Paris 1954 – Gegen Sainte-Beuve. Übertr. von HELMUT SCHEFFEL. Frankfurt a. M. 1962 (Bibliothek Suhrkamp. 83)

Ruskin, John: La Bible d'Amiens. Traduction, note et préface par MARCEL PROUST. Paris 1904

Ruskin, John: Sésame et les Lys. – Des Trésors des Rois. – Des Jardins des Reines. Traduction, note et préface par MARCEL PROUST. Paris 1906

Combray. Übers. von EVA RECHEL-MERTENS. München 1976

L'atelier d'Elstir. In: Les Cahiers critiques de littérature. Paris 1977

Briefe zum Werk. Hg. von WALTER BOEHLICH. Übertr. von WOLFGANG A. PETERS. Frankfurt a. M. 1977

Les avant-textes de l'épisode de la Madeleine dans les «Cahiers de brouillon». Hg. von LUZIUS KELLER. Zürich 1978

Briefe zum Leben. Übers. von UWE DAUBE. Frankfurt a. M. 1978

Pastiches et mélanges. Contre Sainte Beuve. Essais et articles. Hg. von PIERRE CLARAC und YVES SANDRE. Paris 1978

L'indifférent. Paris 1978

Les hautes et fines enclaves du passé. Hg. von ALAIN COELHO. Nantes 1979

Marcel Proust. Poèmes. In: Cahiers Marcel Proust No 10. Paris 1982

Matinée chez la princesse de Guermantes. Paris 1982

L'âge des noms. Mailand 1985

Sur Baudelaire, Flaubert et Morand. Brüssel 1987

Auf die Verzeichnung der in Zeitschriften und Zeitungen erschienenen Aufsätze und Kritiken Prousts wird verzichtet. Sie sind zum größten Teil in den oben angeführten Sammlungen wiederabgedruckt, vgl. im übrigen die genannte Bibliographie proustienne von G. DA SILVA RAMOS.

3. Lebenszeugnisse

Correspondance générale. T. 1–6. (Vol. 1–5 publiés par ROBERT PROUST et PAUL BRACH, vol. 6 par SUZI MANTE-PROUST et PAUL BRACH.) Paris 1930–1936
1. Lettres à Robert de Montesquiou – 2. Lettres à la Comtesse de Noailles – 3. Lettres à M. et Mme Sydney Schiff, Paul Soday etc. – 4. Lettres à P. Lavallée, J.-L. Vaudoyer etc. – 5. Lettres à Walter Berry etc. – 6. Lettres à M. et Mme Émile Straus

Briefe zum Werk. Ausgewählt und hg. von WALTER BOEHLICH. Übertr. von WOLFGANG A. PETERS. Frankfurt a. M. 1964

Billy, Robert de: Marcel Proust. Lettres et conversations. Paris 1931

Marcel Proust. Études, portraits, documents, biographies. Lettres inédites de Marcel Proust à Robert de Montesquiou. Paris 1926

Lettres inédites de Marcel Proust. Présentées par CAMILLE VETTARD pour les amis de Marcel Proust. Paris 1926

Lettres et vers de Marcel Proust à Mesdames Laure Hayman et Louisa de Mornand. Recueillis et annotés par GEORGES ANDRIEUX. Paris 1928

Quelques lettres de Marcel Proust. Précédées de remarques sur les derniers mois de sa vie. Par LÉON PIERRE-QUINT. Paris 1928

Quelques lettres de Marcel Proust à Jeanne, Simone et Gaston de Caillavet, Robert de Flers et Bertrand de Fénelon. Par JEANNE-MAURICE POUQUET. Paris 1928

DAUDET, LUCIEN: Autour de soixante lettres de Marcel Proust. Paris 1929 (Les Cahiers Marcel Proust. 5) – 2. éd. 1952

PIERRE-QUINT, LÉON: Comment parut «Du Côte de chez Swann». Lettres de Marcel Proust à René Blum, Bernard Grasset et Louis Brun. Paris 1930 – Neuausgabe u. d. T.: Proust et la stratégie littéraire avec des lettres de Marcel Proust à . . . 1954

Lettres à la N. R. F. Bibliographie proustienne par G. DA SILVA RAMOS. Proust à la Mazarine. Paris 1932 (Les Cahiers Marcel Proust. 6)

Lettres à une amie. Recueil de quarante et une lettres inédites adressés à Marie Nordlinger 1889–1908. Manchester 1942. – 2. éd. Paris 1952

Quatre lettres de Marcel Proust à ses concierges. Genève 1945

Lettres de Marcel Proust à Mme Catusse. 1886–1921. Préface de LUCIEN DAUDET. Paris 1946

BIBESCO, MARTHE LUCIE PRINCESSE: Le voyageur voilé. Lettres de Marcel Proust au duc de Guiche et documents inédits. Genève 1947

À un ami. Correspondance inédite de Marcel Proust 1903–1922. Préface de GEORGES DE LAURIS. Paris 1948

Lettres de Marcel Proust à André Gide. Avec trois lettres et deux textes d'André Gide. Neuchâtel et Paris 1949

Lettres de Marcel Proust à Bibesco. Préface de THIERRY MAULNIER Lausanne 1949

Correspondance avec sa mère. Lettres inédites présentées et annotées par PHILIP KOLB. Paris 1953

Marcel Proust et Jacques Rivière. Correspondance 1914–1922. Présentée et annotée par PHILIP KOLB. Paris 1955

Lettres de Marcel Proust à Reynaldo Hahn. Présentées, datées et annotées par PHILIP KOLB. Paris 1955

Vgl. zu den Briefen: PHILIP KOLB, La correspondance de Marcel Proust. Chronologie et commentaire critique. Urbana (Illinois) 1949 (Illinois studies in language and literature. 33, 1.2)

MONTESQUIOU, ROBERT DE: Les pas effacés. Mémoires, publiés par Paul-Louis Couchoud. 3 vols. Paris 1923
ROBERT, LOUIS DE: Comment débuta Marcel Proust. Lettres inédites. Paris 1925
DREYFUS, ROBERT: Souvenirs sur Marcel Proust. Accompagnés de lettres inédites. Paris 1926
POUQUET, JEANNE-MAURICE: Le salon de Madame de Caillavet. Paris 1926
BIBESCO, MARTHE LUCIE PRINCESSE: Au bal avec Marcel Proust. Paris 1928 (Les Cahiers Marcel Proust. 4)
ROBERT, LOUIS DE: De Loti à Proust. Souvenirs et confidences. Paris 1928
CRÉMIEUX, BENJAMIN: Du côté de chez Marcel Proust. Suivi de lettres inédites. Paris 1929
HAHN, REYNALDO: Notes. Paris 1933
LAURIS, GEORGES DE: Marcel Proust d'après une correspondance et des souvenirs. In: Revue de Paris 45 (1938), S. 734–776
DREYFUS, ROBERT: De Monsieur Thiers à Marcel Proust. Paris 1939
GUICHARD, LÉON: Sept études sur Marcel Proust. Promenade anthologique suivie de lettres inédites, d'appendices et de notes. Le Caire 1942
SACHS, MAURICE: Le sabbat. Souvenirs d'une jeunesse orageuse. Paris 1946
MAURIAC, FRANÇOIS: Du côte de chez Proust. Paris 1947
MAUROIS, ANDRÉ: vgl. Abschnitt 4
MORAND, PAUL: Le visiteur du soir, suivi de quarante-cinq lettres inédites de Marcel Proust. Genève 1949
BIBESCO, MARTHE LUCIE PRINCESSE: La Duchesse de Guermantes, Laure de Sade. Comtesse de Chévigné. Paris 1950
BORDEAUX, HENRY: Souvenirs sur Proust et Boylesve. Lettres inédites de Proust. In: Les Œuvres libres 62 (1951). S. 99–146
JALOUX, EDMOND: Avec Marcel Proust, Suivi de dix-sept lettres inédites de Proust. Paris 1953
Lettres retrouvées. Prés. et ann. par PHILIP KOLB. Paris 1966
Correspondance. Texte établi, prés. et annot. par PHILIP KOLB, Vol. 1: 1880–1895 (1970). Vol. 2: 1896–1901 (1976). Vol. 3: 1902–1903 (1976). Vol. 4: 1904 (1978). Paris 1970–1978
Briefe zum Werk. Ausgew. und hg. von WALTER BOEHLICH. Frankfurt a. M. 1964
Briefe zum Leben. Hg. von UWE DAUBE. Frankfurt a. M. 1969
Briefwechsel mit der Mutter. Ausgew. und übers. von HELGA RIEGER. Frankfurt a. M. 1970 (Bibliothek Suhrkamp. 239)
GAUTIER-VIGNAL, L.: Proust connu et inconnu. Paris 1976
NADAR, PAUL: Le monde de Proust. Paris 1977
FRANCIS, C., und F. GONTIER: Marcel Proust et les siens. Paris 1981

4. Gesamtdarstellungen und -studien

PIERRE-QUINT, LÉON: Marcel Proust. Sa vie, son œuvre. Paris 1925. – 2. éd. 1935. – Nouv. éd. 1944
MAURIAC, FRANÇOIS: Proust. Paris 1926

SOUDAY, PAUL: Marcel Proust. Paris 1927
BELL, CLIVE: Proust, London 1928
COCHET, ANNE-MARIE: L'âme proustienne. Bruxelles 1929
ABRAHAM, PIERRE: Proust. Recherches sur la création intellectuelle. Paris 1930
BONNET, HENRY: Deux études sur Marcel Proust. Paris 1930
DANDIEU, ARNAUD: Marcel Proust. Sa révélation psychologique. Paris 1930
SEILLIÈRE, ERNEST: Marcel Proust. Paris 1931
CASNATI, FRANCESCO: Proust. Brescia 1933. – 2. éd. 1944
KINDS, EDMOND: Étude sur Marcel Proust. Paris 1933. – 2. éd. 1947
MASSIS, HENRI: Le drame de Marcel Proust. Paris 1937
LEON, DERRICK: Introduction to Proust. His life, his circle and his work. London 1940
FERNANDEZ, RAMON: Proust. Paris 1943
BRET, JACQUES: Marcel Proust. Étude critique. Genève 1946 (Action et pensée)
GRAMONT, ELISABETH DE [DE CLERMONT TONNERRE]: Marcel Proust. Paris 1948
LE SIDANER, LOUIS: J!ai relu Proust. Étude critique. Paris 1948 (Bibliothèque de l'aristocratie. 129)
MARCH, HAROLD: The two worlds of Marcel Proust. Philadelphia 1948
MAUROIS, ANDRÉ: À la recherche de Marcel Proust. Avec de nombreux inédits. Paris 1949. – Auf den Spuren von Marcel Proust. Einzig berechtigte Übertr. Hamburg 1956 – Neuausg.: Frankfurt a. M. 1964 (Fischer Bücherei. 599)
TAUMAN, LÉON: Marcel Proust. Une vie et une synthèse. Paris 1949
BRIAND, CHARLES: Le secret de Marcel Proust. Paris 1950
HALDANE, CHARLOTTE: Marcel Proust. London 1951 (The European novelists)
CASTRO, CARMEN: Marcel Proust o El vivir escribiendo. Madrid 1952
CATTAUI, GEORGES: Marcel Proust. Proust et son temps. Proust et le temps. Préface de Daniel-Rops. Paris 1952
GERMAIN, ANDRÉ: Les clés de Proust. Paris 1953
NATHAN, JACQUES: La morale de Proust. Paris 1953
TRAHARD, PIERRE: L'art de Marcel Proust. Paris 1953
COLEMAN, ELLIOTT: The golden angel. Papers in Proust. New York 1954
HINDUS, MILTON: The Proustian vision. New York 1954
PIROUÉ, GEORGES: Par les chemins de Marcel Proust. Essai de critique descriptive. Neuchâtel 1954
PIERRE-QUINT, LÉON: Le combat de Marcel Proust. Paris 1955
COCKING, J. M.: Proust. London 1956 (Studies in modern literature and thought)
BECKETT, SAMUEL: Proust. New York 1957
GUICHARD, LÉON: Introduction à la lecture de Proust. Paris 1957
BARDÈCHE, MAURICE: Marcel Proust romancier. Paris 1971
BECKETT, SAMUEL: Proust. Zürich 1960
BERSANI, LEO: Marcel Proust. The fictions of life and art. New York 1965
CATTAUI, GEORGES: Proust et ses métamorphoses. Paris 1972
CHANTAL, RENÉ DE: Marcel Proust. Critique littéraire. Vol. 1.2. Montreal 1967
CLARAC, PIERRE (Hg.): Das Proust-Album. Leben und Werk im Bild. Frankfurt a. M. 1975
GIRARD, RENÉ: Mensonge romantique et vérité romanesque. Paris 1961
PAINTER, GEORGE D.: Marcel Proust. Eine Biographie. T. 1–2. Frankfurt a. M. 1962–1968 (Mit Bibliographie Marcel Proust und Literaturverzeichnis)
PICON, GAËTAN: Lecture de Proust. Paris 1966 (Picon: L'usage de la lecture. 3)

POULET, GEORGES: Marcel Proust, Zeit und Raum. Frankfurt a. M. 1966 (Bibliothek Suhrkamp. 170)
RICHARD, JEAN-PIERRE: Proust et le monde sensible. Paris 1974
SHATTUCK, ROGER: Marcel Proust. München 1975 (dtv. 1095)
STAMBOLIAN, GEORGES: Marcel Proust and the creative encounter. Chicago 1972
TRUFFAUT, LOUIS: Introduction à Marcel Proust. München 1967
WAEBER, GOTTFRIED: Marcel Proust oder die Überwindung des Pessimismus durch die Intuition. München 1968 (Mit Literaturverzeichnis S. 212–215)
UHLIG, HELMUT: Marcel Proust. Berlin 1971 (Köpfe des 20. Jahrhunderts. 63)
FOWLIE, WALLACE: A Reading of Proust. Chicago 1975
BERSANI, JACQUES, MICHEL RAIMOND, und JEAN-YVES TADIÉ: Études proustiennes. Paris (Cahiers Marcel Proust N. S. 9)
BORNECQUE, JACQUES-HENRY: Un autre Proust. Paris 1976
PIERRE-QUINT, LÉON: Marcel Proust. Sa vie, son œuvre. Paris 1976
BENOISĪ-MÉCHIN, JACQUES: Avec Marcel Proust. Paris 1977
PAINTER, GEORGE D.: Marcel Proust. London 1977
POULET, GEORGES: Proustian Space. Baltimore, London 1977
CROSMAN, I. K.: Metaphoric Narration. Chapel Hill 1978
FERNANDEZ, RAMON: Proust ou la généalogie du roman moderne. Paris 1979
MEIN, MARGARET: Thèmes proustiens. Paris 1979
BARTHE, ROLAND: Recherche de Proust. Paris 1980
GENETTE, GÉRARD, und TZVETAN TODOROV: Recherche de Marcel Proust. Paris 1980
ROSASCO, J. T.: Voies de l'imagination proustienne. Paris 1980
HENRY, A.: Marcel Proust; théories pour une esthétique. Paris 1981
MOULINE, LUCETTE: Roman de l'objet. Essai sur la genèse de l'écriture proustienne. Paris 1981
COCKING, JOHN MARTIN: Proust. Collected essays on the writer and his art. Cambridge 1982
MIGUET-OLLAGNIER, M.: La mythologie de Marcel Proust. Paris 1982
BRUNET, E.: Le vocabulaire de Proust. Genf 1983
BUISINE, A.: Proust et ses lettres. Lille 1983
CORBINEAU-HOFFMANN, ANGELIKA: Marcel Proust. Darmstadt 1983
MAAS, EDGAR, und VOLKER ROLOFF: Marcel Proust. Lesen und Schreiben. Frankfurt a. M. 1983
TADIÉ, JEAN-YVES: Proust. Paris 1983
RAIMOND, MICHEL: Proust, romancier. Paris 1984
MILLY, JEAN: Proust dans le texte et l'avant-texte. Paris 1985
HENRY, ANNE: Proust. Une vie, une œuvre, une époque. Paris 1986
DESCOMBES, VINCENT: Proust. Philosophie du roman. Paris 1987
FRAISSE, LUC: Le Processus de la création chez Proust. Le Fragment expérimental. Paris 1988
COMPAGNION, ANTOINE: Proust entre deux siècles. Paris 1989

5. Würdigungen

Es ist selbstverständlich, daß hier nur eine Auswahl aus dem umfangreichen Schrifttum über Proust getroffen werden kann. – Im übrigen ist zu bemerken, daß die Übergabe von dem vorigen zu diesem Abschnitt stets fließend sind.

Hommage à Marcel Proust. In: La Nouvelle Revue Française, 1. 1. 1923. – Einzelausgabe u. d. T.: Hommage à Marcel Proust. Avec un portrait et des textes inédits de Marcel Proust. Paris 1927 (Les Cahiers Marcel Proust. 1)
Hommage à Marcel Proust. Paris et Bruxelles 1952 (Le disque vert. Déc. 1952)
SOUDAY, PAUL: Les livres du temps. Paris 1913
DAUDET, LÉON: Salons et journaux. Paris 1917
VANDEREM, FERNAND: Le miroir des lettres. Vol. 2. Paris 1919
BOULENGER, JACQUES: Mais l'art est difficile. Vol. 1. Paris 1921
DU BOS, CHARLES: Approximations. T. 1. Paris 1922
POURTALÈS, GUY DE: De Hamlet à Swann. Paris 1923
CRÉMIEUX, BENJAMIN: La psychologie de Marcel Proust. In: Revue de Paris 5 (1924), S. 838–861
GERMAIN, ANDRÉ: De Proust à Dada. Paris 1924
RIVIÈRE, JACQUES: Marcel Proust. Conférence. Monaco 1924
CURTIUS, ERNST ROBERT: Französischer Geist im neuen Europa. Stuttgart 1925. S. 9–147. – Neuausgabe u. d. T.: Französischer Geist im 20. Jahrhundert. Bern 1952. S. 274–355. – Einzelausgabe des Proust-Kapitels: Marcel Proust. Berlin und Frankfurt a. M. 1955 (Bibliothek Suhrkamp. 28. – Französische Ausgabe: Paris 1929
GABORY, GEORGES: Essai sur Marcel Proust. Paris 1926
COR, RAPHAEL: Un romancier de la vertu et un peintre du vice. Carles Dickens, Marcel Proust. Paris 1928
SAURAT, DENIS: Tendances. Idées françaises de Molière à Proust. Paris 1928. – Nouv. éd. 1946
CHAIGNE, LOUIS: Vie et œuvre d'écrivains. Paris 1933
BRASILLACH, ROBERT: Portraits. Paris 1935. – Nouv. éd. 1952
LEMAITRE, GEORGES: Four French novelists. London 1938
FOWLIE, WALLACE: Clowns and angels. Studies in modern French literature. New York 1943
MADAULE, JACQUES: Reconnaissances. Vgl. 1. Paris 1943
FRETET, ANDRÉ: L'aliénation poétique. Rimbaud, Mallarmé, Proust. Paris 1946
RIVIÈRE, JACQUES: Nouvelles études. Paris 1947
MASSIS, HENRI: D'André Gide à Marcel Proust. Lyon 1948
MAULNIER, THIERRY: Esquisses littéraires. Paris 1948
CASTAY, MARCEL: Entretiens exemplaires. Paul Claudel, André Gide, Marcel Proust. Paris 1950
COLETTE: En pays connu. Paris 1950
BENEDETTI, MARIO: Marcel Proust y otros ensayos. Montevideo 1951
SIMON, PIERRE-HENRI: Les témoins de l'homme. Proust, Valéry, Gide, Claudel u. a. Paris 1951
MAURIAC, CLAUDE: Hommes et idées d'aujourd'hui. Paris 1953
Rousseaux, André: Littérature du vingtième siècle. Vol. 5. Paris 1955
ALBARET, CÉLESTE: Monsieur Proust. Souvenirs recueillis par Georges Belmont. Paris 1973
BIBESCO, MARTHE LUCIE: Begegnung mit Marcel Proust. Frankfurt a. M. 1972 (Bibliothek Suhrkamp. 318)
CATTAUI, GEORGES, und PHILIP KOLB (Bearb.): Entretiens sur Marcel Proust. Paris 1966
DUPLAY, MAURICE: Mon ami Marcel Proust. Souvenirs intimes. Paris 1972

(Cahiers Marcel Proust, N. S.5)
Plaventignes, M.: Avec Marcel Proust. Causeries, souvenirs sur Cabourg et le boulevard Haussmann, Paris 1966
Speck, Reiner: Marcel Proust. Werk und Wirkung. Frankfurt a. M. 1982

6. Untersuchungen

Clermont-Tonerre, Elisabeth de [Gramont de]: Robert de Montesquiou et Marcel Proust. Paris 1925
Méchin, Benoist: La musique et l'immortalité dans l'œuvre de Marcel Proust. Paris 1926
Pierre-Quint, Léon: Le comique et le mystère chez Proust. Paris 1928
Spitzer, Leo: Zum Stil Marcel Prousts. In: Spitzer, Stilstudien. Bd. 2 München 1928. S. 365–497
Wegener, Alfons: Impressionismus und Klassizismus im Werke Marcel Prousts. Diss. Frankfurt a. M. 1930
Duffner, Jean: L'œuvre de Marcel Proust. Étude médico-psychologique. Diss. Paris 1931
Blondel, Charles-A.: La psychographie de Marcel Proust. Paris 1932
Hier, Florence: La musique dans l'œuvre de Marcel Proust. New York 1932 (Publications of the Institute of French studies)
Souza, Sybil de: L'influence de Ruskin sur Proust. Montpellier 1932
Fiser, Emeric: L'esthétique de Marcel Proust. Paris 1933
Feuillerat, Albert: Comment Marcel Proust à composé son roman. New Haven 1934
Jäckel, Kurt: Bergson und Proust. Diss. Breslau 1934
Cattaui, Georges: L'amitié de Proust. Paris 1935 (Les Cahiers Marcel Proust. 8)
Celly, Raoul: Répertoire des thèmes de Marcel Proust. Paris 1935 (Les Cahiers Marcel Proust. 7)
Tiedke, Irma: Symbole und Bilder im Werke Marcel Prousts. Diss. Hamburg 1936
Vigneron, Robert: Genèse de Swann. In: Revue d'historie de la philosophie 1937, S. 67–115
Zaeske, Käthe: Der Stil Marcel Prousts. Emsdetten 1937
Abatangel, Louis: Marcel Proust et la musique. Paris 1939
Ferré, André: Géographie de Marcel Proust. Paris 1939
Pommier, Jean: La mystique de Proust. Paris 1939
Souza, Sybil de: La philosophie de Marcel Proust. Paris 1939
Alden, Douglas W.: Marcel Proust and his French critics. Los Angeles 1940
Fiser, Emeric: La théorie du symbole littéraire et Marcel Proust. Paris 1941
Polanšćak, Autun: La peinture du décor et la nature chez Marcel Proust. Paris 1941
Lindner, Gladys Dudley: Marcel Proust, reviews and estimates in English. Stanford (California) 1942
Guyot, Charly: Ruskin et Proust. In: Lettres 2 (1944), S. 55–70
Chernowitz, Maurice: Proust and painting, New York 1945
Larcher, P, L.: Le parfum de Combray. Pèlerinage proustien à Illers. Paris 1945
Rivane, Georges: Influence de l'asthme sur l'œuvre de Marcel Proust. Paris 1945.

BONNET, HENRI: Le progrès spirituel dans l'œuvre de Marcel Proust. Le monde, l'amour et l'amitié. Paris 1946

DELATTRE, FLORIS: Bergson et Proust. Paris 1948 (Les études bergsonniennes. 1)

FARDWELL, FRANCES VIRGINIA: Landscape in the work of Marcel Proust. Washington 1948 (The Catholic University of America. Studies in Romance languages and literatures. 35)

MOUNTON, JEAN: Le style de Marcel Proust. Paris 1948

BONNET, HENRI: L'eudémonisme esthétique de Proust. Paris 1949

GREEN, FREDERICK CHARLES: The mind of Proust. A detailed interpretation of «À la Recherche du Temps perdu». Cambridge 1949

BRÉE, GERMAINE: Du temps perdu au temps retrouvé. Introduction à l'œuvre de Proust. Paris 1950

GALAND, RENÉ: Proust et Baudelaire. In: PMLA. 65 (1950), S. 1011-1034

MONNIN-HORNUNG, JULIETTE: Proust et la peinture. Genève 1951

VALLE, TITTA DEL: Marcel Proust e il vestito della principessa di Cadignan. Firenze 1951

ADAM, ANTOINE: Le roman de Proust et le problème des clefs. In: Revue des sciences humaines NS. 65 (1952), S. 49–90

MARTIN-DESLIAS, NOËL: L'idéalisme de Marcel Proust. Préface d'André Maurois. Paris 1952

NEWMAN, PAULINE: Marcel Proust et l'existentialisme. Paris 1952

MANSFIELD, LESTER: Le comique de Marcel Proust. – Proust et Baudelaire. Paris 1953

NATHAN, JACQUES: Citations, références et allusions de Proust dans «À la Recherche du Temps perdu». Paris 1953

REMACLE, MADELAINE: L'élément poétique dans À la Recherche du Temps perdu. Bruxelles 1954

AUTRET, JEAN: L'influence de Ruskin sur la vie, les idées et l'œuvre de Marcel Proust. Genève 1955

BOEHLICH, WALTER: Marcel Proust in Frankreich, Deutschland und anderswo. In: Merkur 9 (1955), S. 173–190

DONZÉ, ROLAND: Le comique dans l'œuvre de Marcel Proust. Neuchâtel et Paris 1955

JAUSS, HANS ROBERT: Zeit und Erinnerung in Marcel Prousts «À la Recherche du Temps perdu». Ein Beitrag zur Theorie des Romans. Heidelberg 1955 (Heidelberger Forschungen. 3)

MILLER, MILTON L.: Nostalgia. A psychoanalytic study of Marcel Proust. Boston 1956

STRAUSS, WALTER A.: Proust and literature. The novelist as critic. Cambridge 1957

BUCKNALL, BARBARA J.: The Religion of art in Proust. Urbana 1969 (Illinois Studies in language and literature. 60)

BUTOR, MICHEL: Les sept Femmes de Gilbert le Mauvais. Montpellier 1972 (Scholies. Vol. 2)

CAZEAUX, JACQUES: L'Écriture de Proust ou l'art du vitrail. Paris 1971 (Cahiers Marcel Proust. N. S.4)

DELEUZE, GILLES: Proust es les signes. 2. éd. Paris 1970 (A la pensée, 12)

BÉHAR, SERGE: L'univers médical de Proust. Paris 1971 (Cahiers Marcel Proust. N. S. 1)

EGGS, EKKEHARD: Möglichkeiten und Grenzen einer wissenschaftlichen Semantik. Dargest. an den Zeichen «temps», «espace» und «memoire» in Marcel Prousts «À la recherche du temps perdu». [Als Masch. gedr.] Bern 1971 (Europäische Hochschulschriften. Reihe 13. Französische Sprache und Literatur. 12)

GRAHAM, VICTOR ERNEST: The Imagery of Proust. Oxford 1966 (Language and style Series. 2)

KASELL, WALTER: Proust as a reader of Nerval. In: The Romanic review 68 (1977), S. 165–174

MILLY, JEAN: Proust et le style. Paris 1970 (Situation. 21)

O'MEARA, MAURICE A.: La plasticité de la phrase proustienne, qualité créatrice emblématique. In: Romance notes 18 (1977), S. 49–53

PIROUE, GEORGES: Proust et la musique du devenir. Paris 1960

QUÉMAR, CLAUDINE: Rêveries onomastiques proustiennes à la lumière des avant-textes. In: Littérature 28 (1977), S. 77–99

RIVA, RAYMOND THEODORE: Marcel Proust. A guide to the main recurrent themes. New York 1965

ROGERS, B. G.: Proust's narrative Techniques. Genève 1965

SCHMIDT, CHANTAL: Marcel Proust. Die Semantik der Farben in seinem Werk «À la recherche du temps perdu». Bonn 1977 [Zugl. Phil. Diss. Hamburg 1977 (Abhandlungen zur Kunst-, Musik- und Literaturwissenschaft. 233)

SOUPAULT, ROBERT: Marcel Proust, du côté de la médecine. Paris 1967

TADIÉ, JEAN YVES: Proust et le roman. Essai sur les formes et techniques du roman dans «À la recherche du temps perdu». Paris 1971 [Zugl. Phil. Diss. Paris]

WOLITZ, SETH L.: The Proustian Community. New York 1971

ZÉPHIR, JACQUES J.: La Personnalité dans l'œuvre de Marcel Proust. Essai de psychologie littéraire. Paris 1959 (Bibliothèque des lettres modernes. 1)

ZIMA, P. V.: Le Désir du mythe. Une lecture sociologique de Marcel Proust. Paris 1973

BOREL, JACQUES: Proust et Balzac. Paris 1975

BALES, RICHARD: Proust and the Middle Ages. Genève 1975 (Histoire des idées et critique littéraires. 147)

BACKHAUS, INGE: Strukturen des Romans: Studien zur Leit- und Wiederholungsmotivik in Prousts «À la recherche du temps perdu». Berlin 1976

DELEUZE, GILLES: Proust et les signes. Paris 1976

MEGAY, JOYCE N.: Bergson et Proust. Essai de mise au point de la question de l'influence de Bergson sur Proust. Paris 1976

ROBERT, P.: Marcel Proust, lecteur des Anglo-Saxons. Paris 1976

BENJAMIN, WALTER: Zum Bilde Proust. In: Gesammelte Schriften, Bd. II. Frankfurt a. M. 1977

GUARALDO, ENRICO: Lo specchio della differenzia. Proust e la poetica della «Recherche». Rom 1977

HOHL, REINHOLD: Marcel Proust in neuer Sicht. Kubismus und Futurismus in seinem Romanwerk. Frankfurt a. M. 1977

MICHAUX, GINETTE: Le rapport de la pulsion à l'écriture, lecture psychanalytique de Combray de Marcel Proust. Brüssel 1977

ROBIN, CHANTAL: L'imaginaire du temps retrouvé, hermétisme et écriture chez Proust. Paris 1977

SERGIO, FRANCESCO: Memoria e pensiero nella ricerca di Proust. Bologna 1977

Winton, Alison: Proust's Additions. The Making of À la recherche du temps perdu. Cambridge 1977

Bowie, Malcolm: Proust, Jealousy, Knowledge. London 1978

Crosman, Inge Carolus: Metaphoric Narration. The structure and function of metaphors in À la recherche du temps perdu. Chapel Hill 1978

Lattre, Alain de: La doctrine de la réalité chez Proust. Paris 1978

Magnani, Luigi: La musica in Proust. Turin 1978

Mingelgruen, Albert: Thèmes et structures bibliques dans l'œuvre de Marcel Proust. Lausanne 1978

Ortega y Gasset, José: Zeit. Distanz und Form in der Kunst Prousts. Stuttgart 1978

Vigneron, Robert: Études sur Stendhal et sur Proust. Paris 1978

Yoshida, Jo: Proust contre Ruskin. La genèse de deux voyages dans la «Recherche» d'après des documents inédits. Paris 1978

Genette, Raymonde: Éssais de critique génétique. Paris 1979

Hassine, J.: Proust et Baudelaire. Paris 1979

Link-Heer, Ursula: Proust À la recherche du temps perdu und die Form der Autobiographie. Bochum 1979

Mayer, D.: M. Proust et la musique d'après sa correspondance. Paris 1979

Recanati, Jean: Profils juifs de Marcel Proust. Paris 1979

Reille, Jean-Francis: Proust: le temps du désir. Paris 1979

Slater, Maya: Humour in the works of Marcel Proust. Oxford 1979

Steel, Gareth H.: Chronology and time in À la recherche du temps perdu. Genf 1979

Swahn, Sigbrit: Proust dans la recherche littéraire. Lund 1979

Ushiba, Akio: L'image de l'eau dans À la recherche du temps perdu. Tokio 1979

Bem, Jeanne: Le juif et l'homosexuel dans À la recherche du temps perdu. Paris 1980

Bonnet, Henri: Roman et poésie. Essai sur l'esthétique des genres. La littérature d'avant-garde et Marcel Proust. Paris 1980

Bourlier, Kay: Proust et l'architecture. Montreal 1980

Corbineau-Hoffmann, Angelika: Beschreibung als Verfahren. Die Ästhetik des Objekts im Werk Marcel Prousts. Stuttgart 1980

Debray-Genette, Raymonde: Thème, figure, épisode: genèse des aubépines. Paris 1980

Gaubert, Serge: Proust ou le roman de la différence. L'individu et le monde social de «Jean Santeuil» à «La recherche». Lyon 1980

Hildebrandt, Hans-Hagen: Becketts Proust-Bilder. Stuttgart 1980

Hörisch-Helligrath, Renate: Reflexionssnobismus. Zur Soziogenese des Snob und des Ästhetischen in Prousts À la recherche du temps perdu. Frankfurt a. M.–Bern 1980

Kasell, Walter: Marcel Proust and the strategy of reading. Amsterdam 1980

Kleiner, Barbara: Sprache und Entfremdung. Die Proust-Übersetzungen Walter Benjamins innerhalb seiner Sprach- und Übersetzungstheorie. Bonn 1980

Nabokov, Vladimir: Marcel Proust. In: Lectures on literature. London 1980

Rivers, Julius Edwin: Proust & the art of love. The aestetics of sexuality in the life, time & art of Marcel Proust. New York 1980

Rosasco, Joan Térésa: Voies de l'imagination proustienne. Paris 1980

Saraydar, Alma: Proust disciple de Stendhal. Paris 1980

STRAUS, BERNARD: Maladies of Marcel Proust. Doctors and disease in his life and work. New York, London 1980

ZIMA, PIERRE VÁCLAV: L'ambivalence romanesque. Proust, Kafka, Musil. Paris 1980

HENRY, ANNE: Marcel Proust. Théories pour une esthétique. Paris 1981

GRANDSAIGNE, JEAN DE: L'espace combraysien. Monde de l'enfance et structure sociale dans l'œuvre de Proust. Paris 1981

GROS, BERNARD: De «Swann» au «Temps retrouvé». Proust. Analyse critique. Paris 1981

MÖLLER, HANS MARTIN: Adorno – Proust – Beckett. Zur Aktualisierung einer alternden Theorie. Frankfurt a. M. 1981

SPLITTER, RANDOLPH: Proust's Recherche. A psychoanalytic interpretation. Boston 1981

ROTHER, MICHAEL: Marcel Proust – auf der Suche nach der Identität. In: Französische Literatur in Einzeldarstellungen. Stuttgart 1982

HUGUES, EDWARD J.: Marcel Proust. A Study in the Quality of Awareness. Cambridge 1983

NATTIEZ, JEAN-JACQUES: Proust musicien. Paris 1984

AGOSTINI, DANIELLA DE, MAURIZIO FERRARIS und BERNARD BRUN: L'Età dei nomi. Quaderni della «Recherche». Mailand 1985

BONNET, HENRI: Les Amours et la sexualité de Marcel Proust. Paris 1985

KUMMER, EM.: Literatuur en ideologie. Proust en Ter Braak. Amsterdam 1985

RICŒUR, P.: Temps et récit. Paris 1985

ROGER, ALAIN: Proust et le plaisir des noms. Paris 1985

MEIN, MARGARET: Proust et la chose envolée. Paris 1986

SCHEHR, LAWRENCE ROBINS: Flaubert and sons. Readings of Flaubert, Zola and Proust. New York, Bern, Frankfurt a. M. 1986

Namenregister

Die kursiv gesetzten Zahlen bezeichnen die Abbildungen, die Sternchen verweisen auf die Fußnoten

Über den Autor

Claude Mauriac wurde am 25. April 1914 als ältester Sohn von François Mauriac geboren. Er studierte Rechtswissenschaften. 1938 arbeitete er als Kritiker, und 1957 schrieb er seinen ersten Roman. Von August 1944 bis 1949 arbeitete er als Sekretär von Charles de Gaulle. Von 1949 bis 1953 übernahm er die Leitung der monatlich erscheinenden Zeitschrift «Liberté de l'esprit». Seit 1947 veröffentlichte er Filmkritiken im «Figaro Littéraire». Für die «New York Times» schuf er die «Lettre de Paris». Claude Mauriac veröffentlichte zahlreiche literaturkritische Essays und Romane.

Quellennachweis

Abbildungen

Wenn nicht ausdrücklich anders vermerkt, ist das fotografische Bildmaterial in liebenswürdiger Weise von Madame Gérard Mante-Proust zur Verfügung gestellt worden.

Photo Match, Paris: 17, 22, 24, 26, 27, 49, 56, 61, 75, 80, 104, 107, 116, 118/119, 124, 126 und Umschlagrückseite, 129, 146, 150/151, 156, 157
Ullstein: 94, 95
Bulloz: 6
Südd. Verlag: 93
Madame Simone André-Maurois: 16

Texte

Die Textstellen, auf denen das vorliegende Werk aufgebaut worden ist, sind dem Gesamtwerk Marcel Prousts* entnommen. Ganz besonders aber haben wir uns an den wichtigen, im Zustand der ersten Niederschrift verbliebenen Roman gehalten, der unter dem Titel *Jean Santeuil* veröffentlicht ist – zunächst, weil er die Quellen des Proustschen Werkes erneuert und vertieft, dann aber auch wegen seines autobiographischen Charakters, der hier sehr viel deutlicher zutage tritt als in *À la recherche du temps perdu*, wodurch uns der Erstlingsroman besonders wertvoll erscheint. Ebenso haben wir Auszüge aus der Korrespondenz ausgewertet, deren Reichtum und Schönheit weithin unterschätzt wird.

In der vorliegenden deutschen Ausgabe werden die folgenden Abkürzungen verwendet:

J. S.: *Jean Santeuil*

Die Seitenzahlen der Zitate aus der deutschen Fassung der *Recherche, Die Suche nach der verlorenen Zeit*, beziehen sich auf die in den Jahren 1953 bis 1957 erschienene Gesamtausgabe im Suhrkamp Verlag (Übersetzung Eva Rechel-Mertens). Die einzelnen Teile werden mit den römischen Bandzahlen wie folgt bezeichnet:

I: *Swanns Welt*
II: *Im Schatten junger Mädchenblüte*

* Über die Rechte verfügt ausschließlich (mit Ausnahme der Korrespondenz) die «Librairie Gallimard», in Deutschland der Suhrkamp Verlag.

III: *Die Welt der Guermantes*
IV: *Sodom und Gomorrha*
V: *Die Gefangene*
VI: *Die Entflohene*
VII: *Die wiedergefundene Zeit*
Corr.: Korrespondenz M. P.s, die noch nicht in deutscher Sprache erschienen ist.

Die Veröffentlichung der *Correspondance générale* ist in Frankreich im Jahre 1930 bei Plon unternommen worden, einige aber von den hier zitierten Briefen entstammen verschiedenen, seither unabhängig davon erschienenen Sammlungen, deren Titel jeweils angeführt wird.

Musik

rowohlts monographien mit Selbstzeugnissen und Bilddokumenten. Begründet von Kurt Kusenberg, herausgegeben von Wolfgang Müller.

Eine Auswahl:

Louis Armstrong
dargestellt von Ilse Storb
(443)

Johann Sebastian Bach
dargestellt von Martin Geck
(511)

Ludwig van Beethoven
dargestellt von Fritz Zobeley
(103)

George Bizet
dargestellt von Christoph Schwandt
(375)

Frédéric Chopin
dargestellt von Camille Bourniquel
(025)

Hanns Eisler
dargestellt von Fritz Hennenberg
(370)

Joseph Haydn
dargestellt von Pierre Barbaud
(049)

Felix Mendelssohn Bartholdy
dargestellt von Hans Christoph Worbs
(215)

Wolfgang Amadeus Mozart
dargestellt von Fritz Hennenberg
(523)

rororo bildmonographien

Elvis Presley
dargestellt von Alan und Maria Posener
(495)

Giacomo Puccini
dargestellt von Clemens Höslinger
(325)

Johann Strauß
dargestellt von Norbert Linke
(304)

Richard Strauss
dargestellt von Walter Deppisch
(146)

Antonio Vivaldi
dargestellt von Michael Stegemann
(338)

Ein Gesamtverzeichnis der Reihe *rowohlts monographien* finden Sie in der *Rowohlt Revue*. Jedes Vierteljahr neu. Kostenlos. In Ihrer Buchhandlung.

4503/2

Religion

rowohlts monographien mit Selbstzeugnissen und Bilddokumenten. Begründet von Kurt Kusenberg, herausgegeben von Wolfgang Müller.

Eine Auswahl:

Augustinus
dargestellt von Henri Marrou
(008)

Sri Aurobindo
dargestellt von Otto Wolff
(121)

Martin Buber
dargestellt von Gerhard Wehr
(147)

Franz von Assisi
dargestellt von Ivan Gobry
(016)

Ulrich von Hutten
dargestellt von
Eckhard Bernstein
(394)

Jesus
dargestellt von David Flusser
(140)

Johannes der Evangelist
dargestellt von Johannes
Hemleben
(194)

Johannes XXIII.
dargestellt von
Helmuth Nürnberger
(340)

Martin Luther King
dargestellt von Gerd Presler
(333)

Mohammed
dargestellt von
Émilie Dermenghem
(047)

rororo bildmonographien

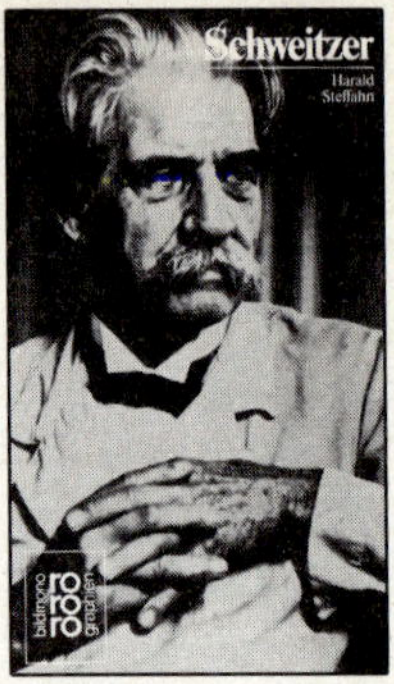

Moses
dargestellt von André Neher
(094)

Paulus
dargestellt von
Claude Tresmontant
(023)

Albert Schweitzer
dargestellt von
Harald Steffahn
(263)

Paul Tillich
dargestellt von Gerhard Wehr
(274)

Simone Weil
dargestellt von
Angelika Krogmann
(166)

Ein Gesamtverzeichnis der Reihe *rowohlts monographien* finden Sie in der *Rowohlt Revue*. Jedes Vierteljahr neu. Kostenlos. In Ihrer Buchhandlung.